I0422219

ESG-Ziel

Folgen Sie dem Weg der unternehmerischen Nachhaltigkeit.

Paulo Ehms

MMXXIII

Copyright Notice © 2023 Paulo Ehms

Alle Rechte vorbehalten. Kein Teil dieses Buches darf in irgendeiner Form oder auf irgendeine Weise reproduziert, gespeichert oder übertragen werden, sei es elektronisch oder mechanisch, einschließlich Fotokopie, Aufnahme oder durch jedes Informationsspeicher- und -abrufsystem, ohne schriftliche Genehmigung des Urheberrechtsinhabers, außer bei kurzen Zitaten in kritischen Rezensionen und anderen gemäß dem Urheberrechtsgesetz zulässigen Verwendungen.

Für Anfragen zur Genehmigung und Feedback kontaktieren Sie bitte: pauloehms@hotmail.com

Inhaltsverzeichnis

Introduktion 7

Der Anfang 10

Unternehmerische Herausforderungen in der aktuellen Ära und das Aufkommen der ESG-Notwendigkeit 10

Klimawandel und Nachhaltigkeit 13

Nachhaltigkeit jenseits des Unternehmensimages 14

Sozialer Druck und Vielfalt 15

Governance und Ethik in den Geschäften 18

Die Schlüsselrolle der Guten Governance 20

Die Entstehung des ESG-Konzepts 21

Finanzkrisen und Umweltkatastrophen 23

Katalysatoren für ESG 23

Warum ESG? 24

Soziale Bewegungen und Bürgerrechte 25

Der stumme Frühling: Ein Aufruf zum Handeln 26

Über die Gewinne hinaus....................................28

Das Erbe der RSC und die Vorbereitung auf den ESG 30

ESG als natürliche Entwicklung 33

Förderung von ESG-Praktiken 35

Integration von ESG ins Unternehmens-DNA 36

Finanzkrisen und Umweltkatastrophen: Katalysatoren für ESG 37

Schub für die weitverbreitete Annahme von ESG..........39

Deepwater Horizon und ihre Folgen 41

Konsolidierung von ESG als integralem Konzept............42

Kapitel 44

E 44

(Environmental) 44

(Umwelt) - Auf dem Weg zur unternehmerischen
Nachhaltigkeit 44

Erkundung nachhaltiger Strategien..............45

Herausforderungen und Chancen..................46

Die Rolle der Unternehmen im Umweltschutz 50

Erkundung nachhaltiger Strategien..............53

Auf dem Weg zu einem transformierenden
Unternehmensnachhaltigkeit 55

Herausforderungen und Chancen..................56

Emergierende Chancen..................................57

Sustainability als Wertgenerierung...............58

Auf dem Weg zu einer transformierenden
Unternehmensnachhaltigkeit 59

Herausforderungen im Zusammenhang mit der Umwelt-
Compliance 60

Auf dem Weg zu einem transformierenden
Unternehmensnachhaltigkeit 62

Strategien zur Stärkung der Unternehmensresilienz 64

Aufkommende Chancen..................................65

Integration von Nachhaltigkeit in die
Unternehmensresilienz.................................65

Auf dem Weg zu einer transformierenden
Unternehmensnachhaltigkeit 66

Fast Fashion - Wenn das Vergängliche dauerhafte Probleme verursacht..69

Patagonia - Das ESG-Beispiel in der Praxis....................72

Kapitel 76

S 76

Sozial - Unternehmenssoziale Verantwortung.............76

Neudefinition der Rolle von Unternehmen: Navigieren im Strom des sozialen Wandels 78

Erweiterte Verantwortung: Über das Finanzielle hinaus, hin zur sozialen Gerechtigkeit.....................................81

Jenseits einer simplen Marketingstrategie: Die Vielfalt als essenzielles Fundament 83

Die globale Vielfalt reflektieren: Eine Reise über die organisatorischen Grenzen hinaus................................86

Anziehung von Talenten und Verbrauchern: Die Kraft der Vielfalt als Wettbewerbsvorteil 88

Förderung von Innovation: Die transformative Kraft vielfältiger Perspektiven...90

Unternehmerische Widerstandsfähigkeit: Die strategische Allianz mit Vielfalt 92

Abschließende Überlegungen 94

Die Schließung von Grenzen, wirtschaftlicher Schaden und Abwendung von Vielfalt..97

Das Beispiel von Dallas und sein Racial Equity Plan (REP) 100

Kapitel 104

G...104

Governance für Nachhaltigkeit 104

Redefinieren des Vertrauens in Unternehmen: Die
entscheidende Rolle von Governance und Ethik in
Geschäftsangelegenheiten 106

Die Suche nach Transparenz: Auf den Wellen des
digitalen Zeitalters navigieren 108

Strategische Entscheidungsfindung: Die vitale Bedeutung
effektiver Governance 110

Transparenz und Rechenschaftspflicht: Grundpfeiler
verantwortungsbewusster Unternehmensführung 112

Ethikkultur: Die tiefe Wurzel unternehmerischer
Integrität 115

Über den finanziellen Ergebnissen hinausgehende
Auswirkungen: Die unschätzbaren Dividenden der
Geschäftsethik 117

Abschließende Überlegungen 119

Der ethische Zusammenbruch 122

PUMA 125

Das Paradigma für verantwortungsbewusste und
nachhaltige Unternehmensführung 125

Fazit..129

Auf dem Weg zu einer nachhaltigen Zukunft...........129

Glossar 133

Epilog...137

ESG in der Praxis umsetzen 137

Introduktion

Im Herzen der zeitgenössischen Geschäftswelt gewinnt ein Konzept an Bedeutung wie ein Leuchtturm, der Organisationen in Richtung einer nachhaltigeren Zukunft lenkt: ESG, das die Säulen Umwelt, Soziales und Governance umfasst. Dieses Buch mit dem Titel "ESG-Ziel: Auf dem Weg zur nachhaltigen Unternehmensführung" taucht tief in die Essenz dieses transformierenden Ansatzes ein, der nicht nur Geschäftspraktiken umlenkt, sondern auch den Zweck und die Verantwortung von Unternehmen in der globalen Landschaft neu definiert.

Was ist ESG?

Die Abkürzung ESG steht für Umwelt-, Sozial- und Governance-Nachhaltigkeit (Environmental, Social and Governance) in Unternehmen. ESG bezieht sich auf Kriterien, die die Art und Weise umfassen, wie Unternehmen Umwelt-, Sozial- und Governance-Aspekte in ihren Operationen verwalten. Der Umweltaspekt befasst sich mit nachhaltigen Praktiken, Energieeffizienz und Verantwortung gegenüber der Biodiversität. Der soziale Aspekt behandelt Fragen der Vielfalt, Gleichheit und sozialen Gerechtigkeit, während sich die Governance-Säule auf Transparenz, Ethik und die Art und Weise konzentriert, wie Unternehmen geführt werden.

Die Bedeutung für Unternehmen jeder Größe

Unabhängig von der Größe, Branche oder geografischen Lage stehen Unternehmen nun unter wachsendem Druck, die ESG-Prinzipien in ihre Geschäftsmodelle zu integrieren. Der Grund ist klar: Neben einer moralischen Antwort auf das wachsende globale Bewusstsein für Umwelt- und Sozialfragen ist die Einführung von ESG zu einer strategischen Notwendigkeit geworden, um die langfristige Überlebensfähigkeit von Unternehmen zu gewährleisten.

Nachhaltigkeit ist nicht mehr nur ein Wettbewerbsvorteil; sie ist nun ein entscheidender Vorteil. Unternehmen, die ESG-Praktiken übernehmen, werden als bewusste Führer wahrgenommen und gewinnen die Gunst von Verbrauchern, die zunehmend auf Unternehmensverantwortung achten. Nachhaltigkeit ist zu einem Wettbewerbsvorteil geworden, der nicht nur mit den Werten des Marktes in Resonanz steht, sondern auch eine grundlegende unternehmerische Widerstandsfähigkeit zeigt.

ESG-Kriterien fördern einen proaktiven Ansatz für aufkommende Herausforderungen, sei es im

Umwelt-, Sozial- oder Governance-Bereich. Unternehmen, die darauf vorbereitet sind, mit diesen Herausforderungen umzugehen, zeigen Widerstandsfähigkeit, was sich in finanzieller Stabilität und Reputation übersetzt.

Investoren lenken ebenfalls Ressourcen in Unternehmen, die ESG-Praktiken integrieren. Diese Entwicklung spiegelt nicht nur eine Veränderung der Marktwerte wider, sondern betont auch die Fähigkeit dieser Unternehmen, nachhaltige langfristige Renditen zu erzielen.

Während wir die Seiten dieses Buches erkunden, begeben wir uns auf eine Reise durch das komplexe Netzwerk von Praktiken und Prinzipien, die ESG ausmachen. Wir werden Geschichten von Unternehmen entdecken, die ihre Zukunft durch die Annahme einer nachhaltigen Denkweise verändert haben. Dies ist nicht nur ein Buch über Geschäfte; es ist eine Erzählung über die Entwicklung von Unternehmen, die sich dafür entschieden haben, den Weg der Nachhaltigkeit zu gehen, und dabei erkennen, dass sie nicht nur ihre eigene Zukunft, sondern auch die unseres Planeten gestalten.

Der Anfang

Unternehmerische Herausforderungen in der aktuellen Ära und das Aufkommen der ESG-Notwendigkeit

In einer zunehmend vernetzten und dynamischen Welt stehen Unternehmen vor einer Vielzahl von komplexen und facettenreichen Herausforderungen. Von wachsendem Umweltbewusstsein bis hin zu Forderungen nach mehr Transparenz und Ethik in Geschäftspraktiken sind die Drucke auf moderne Organisationen intensiver denn je.

Innere Herausfor

derungen Klimawandel und Nachhaltigkeit: Der Klimawandel hat sich als eine drängende Herausforderung herauskristallisiert, die Unternehmen zwingt, ihre Praktiken zu überdenken und Verantwortung für ihre Auswirkungen auf die Umwelt zu übernehmen. Die Suche nach Nachhaltigkeit ist nicht nur eine ethische Wahl, sondern eine essentielle Reaktion auf die Klimakrise.

Sozialer Druck und Vielfalt: Die moderne Gesellschaft verlangt mehr als nur Produkte und Gewinne; sie verlangt soziale Unternehmensverantwortung. Unternehmen werden nun nicht nur nach den angebotenen Produkten bewertet, sondern auch nach der Art und Weise, wie sie ihre Mitarbeiter behandeln, zu lokalen Gemeinschaften beitragen und Vielfalt und Inklusion fördern.

Governance und Ethik in Unternehmen: Unternehmensskandale und ethische Fehltritte haben das Vertrauen der Öffentlichkeit in unternehmerische Institutionen erschüttert. Die Notwendigkeit einer soliden und ethischen Unternehmensführung war noch nie so entscheidend, nicht nur um den Erwartungen des Marktes gerecht zu werden, sondern auch um Integrität und interne Stabilität aufrechtzuerhalten.

Der Kontext für das Aufkommen von ESG

ESG entsteht als Reaktion auf diese Herausforderungen, ein umfassender Ansatz, der über die traditionellen profitgetriebenen Geschäftsmodelle hinausgeht. Es geht darum zu erkennen, dass Unternehmen nicht in einem Vakuum operieren, sondern in Gemeinschaften, Ökosystemen und Gesellschaften, die von ihren Handlungen beeinflusst werden.

Die Entwicklung sozialer Erwartungen: Mit der Entwicklung sozialer Erwartungen werden Unternehmen aufgefordert, Agenten positiver Veränderungen zu sein. Der gesellschaftliche

Druck für mehr Verantwortung und soziale Wirkung definiert die Rolle von Unternehmen bei der Schaffung einer gerechteren Welt neu.

Die Dringlichkeit der Unternehmensnachhaltigkeit: Mit dem Anstieg der Umweltbedrohungen ist Nachhaltigkeit nicht mehr nur eine Wahl, sondern eine Notwendigkeit. Unternehmen, die diese Realität ignorieren, sehen sich nicht nur regulatorischen Herausforderungen gegenüber, sondern auch dem Risiko, auf dem Markt an Relevanz zu verlieren.

Anerkennung des Langzeitwerts: ESG geht nicht nur darum, Vorschriften zu erfüllen; es ist eine Geschäftsvision, die die Bedeutung langfristigen Werts erkennt. Unternehmen, die ESG-Praktiken integrieren, positionieren sich nicht nur für den Erfolg heute, sondern auch für die kommenden Jahrzehnte.

Während wir in diesem Kapitel tiefer eindringen, werden wir erkunden, wie diese Herausforderungen die gegenwärtige Geschäftsumgebung geprägt haben und wie ESG als ganzheitliche Antwort entsteht, um Unternehmen auf dem Weg zur Nachhaltigkeit in einer sich ständig wandelnden Welt zu führen.

Inmitten des schnellen Tempos des 21. Jahrhunderts stehen Unternehmen vor drängenden

Herausforderungen, die über die traditionellen finanziellen Bedenken hinausgehen. Eine dieser gewichtigen Herausforderungen ist die Auswirkung des Klimawandels, eine unausweichliche Realität, die nicht nur die Grenzen des Geschäftsumfelds neu definiert, sondern auch einen radikal anderen Ansatz erfordert.

Klimawandel und Nachhaltigkeit

Die Dringlichkeit der Klimakrise: Mit dem Zeugen von extremen Wetterereignissen und ihren verheerenden Auswirkungen weltweit wird deutlich, dass die Klimakrise kein Problem der Zukunft, sondern der Gegenwart ist. Unternehmen stehen nun den greifbaren Konsequenzen eines aus dem Gleichgewicht geratenen Planeten gegenüber.

Nachhaltige Praktiken als Imperativ: Die Antwort auf diese Krise ist intrinsisch mit der Praxis der Nachhaltigkeit verbunden. Es handelt sich nicht nur um einen vorübergehenden Trend, sondern um eine grundlegende Veränderung in der Art und Weise, wie Unternehmen agieren. Die Annahme nachhaltiger Praktiken ist nicht mehr nur eine Wahl; sie ist eine Notwendigkeit, um negative Auswirkungen zu mildern und eine stabilere Zukunft aufzubauen.

Anerkennung der Interkonnektivität: Unternehmen können nicht länger in Isolation operieren. Die Verbindung zwischen ihren Aktivitäten und der Umwelt ist deutlich, und die Konsequenzen unternehmerischer Handlungen hallen global wider. Das Verständnis dieser Interdependenz ist der erste Schritt, um dem Klimawandel bedeutungsvoll zu begegnen.

Nachhaltigkeit jenseits des Unternehmensimages

Gewinnung des Vertrauens der Verbraucher: Nachhaltigkeit geht nicht nur darum, den Planeten zu retten; es geht auch darum, das Vertrauen der modernen Verbraucher zu gewinnen. Kaufentscheidungen werden nun durch die unternehmerische soziale Verantwortung geprägt, und Unternehmen, die nachhaltige Praktiken umarmen, werden als Partner beim Aufbau einer besseren Zukunft wahrgenommen.

Innovation als Antwort: Die Bewältigung der Herausforderungen des Klimawandels ist nicht nur eine Frage der Konformität; es ist eine Gelegenheit zur Innovation. Unternehmen, die kreative Lösungen zur Reduzierung ihres ökologischen Fußabdrucks suchen, erfüllen nicht nur die Forderungen der Gesellschaft, sondern positionieren sich auch als Branchenführer.

Unternehmerische Widerstandsfähigkeit: Nachhaltigkeit ist nicht nur eine ethische Wahl, sondern auch eine solide Geschäftsstrategie. Unternehmen, die Nachhaltigkeit in ihre Organisationskultur integrieren, zeigen Widerstandsfähigkeit gegenüber den Unsicherheiten, die mit den Veränderungen des Klimas einhergehen, und sichern nicht nur die Kontinuität, sondern auch den Wohlstand.

Beim Entwirren der Komplexitäten dieser entscheidenden Herausforderung tauchen wir in die Schnittstelle von Klimawandel und Nachhaltigkeit ein und erforschen, wie Unternehmen, unabhängig von Größe oder Branche, aufgefordert sind, ihre Rollen in Bezug auf einen sich verändernden Planeten zu überdenken und neu zu definieren. Dies ist der Ausgangspunkt, um zu verstehen, warum ESG zu einer drängenden Notwendigkeit in modernen Unternehmensstrategien geworden ist.

Sozialer Druck und Vielfalt

Die Evolution sozialer Erwartungen

In einer Welt, in der die Stimmen der Gesellschaft zunehmend verstärkt werden, können Unternehmen nicht mehr in einem Vakuum operieren, unberührt von den Forderungen und Erwartungen einer global verbunden Gemeinschaft. Der zeitgenössische soziale Druck geht über die einfache Suche nach Produkten und Gewinnen hinaus und umfasst die Notwendigkeit sozialer Unternehmensverantwortung.

Redefinition der Unternehmensrolle: Die sozialen Erwartungen haben sich entwickelt und überschreiten nun die bloße Bereitstellung von Waren und Dienstleistungen. Unternehmen werden zunehmend als Agenten positiver Veränderung betrachtet, nicht nur nach dem, was sie produzieren, sondern auch nach dem Einfluss, den sie auf Gemeinschaften und die Gesellschaft im Allgemeinen haben.

Erweiterte Verantwortung: Der soziale Druck definiert die Verantwortung von Unternehmen neu und erweitert den Bereich über die finanzielle Rendite hinaus. Nun wird erwartet, dass Organisationen aktiv dazu beitragen, eine gerechtere, gleichberechtigtere und inklusivere Welt aufzubauen.

Die Dringlichkeit von Vielfalt und Inklusion

Mehr als nur eine Marketingstrategie: Vielfalt ist nicht mehr nur eine Marketingstrategie; sie ist zu einem ethischen und unternehmerischen Imperativ geworden. Unternehmen werden herausgefordert, Arbeitsumgebungen zu schaffen, die Vielfalt in all ihren Formen feiern, mit der Erkenntnis, dass Gleichberechtigung und Inklusion nicht nur Modewörter sind, sondern die Grundlage für eine robuste Organisationskultur bilden.

Reflektieren der globalen Vielfalt: In einer immer stärker vernetzten Welt müssen Unternehmen die globale Vielfalt in ihren internen Strukturen widerspiegeln. Inklusion ist nicht nur eine Frage der sozialen Gerechtigkeit, sondern auch eine Möglichkeit, das kreative und innovative Potenzial von Teams, die aus vielfältigen Individuen bestehen, zu maximieren.

Die Vorteile der Akzeptanz von Vielfalt

Anziehung von Talenten und Verbrauchern: Unternehmen, die Vielfalt umarmen, ziehen eine talentiertere Belegschaft an und gewinnen auch Verbraucher, die Marken unterstützen möchten, die mit Werten von Inklusion und Gleichberechtigung übereinstimmen.

Förderung von Innovation: Die Vielfalt der Perspektiven fördert die Innovation. Unternehmen, die inklusive Umgebungen fördern, sind besser positioniert, um sich komplexen Herausforderungen zu stellen und kreative Lösungen zu entwickeln.

Unternehmerische Widerstandsfähigkeit: Vielfalt ist nicht nur ein Ausdruck sozialer Verantwortung, sondern auch eine Strategie zum Aufbau widerstandsfähiger Unternehmen. Diversifizierte Teams sind besser in der Lage, umfassend auf Herausforderungen zu reagieren und effektiver auf die vielfältigen Anforderungen des Marktes zu reagieren, was die Komplexität des zeitgenössischen sozialen Drucks und die drängende Notwendigkeit von Vielfalt und Inklusion in Unternehmen verdeutlicht. Ein strategischer Vorteil in der Welt der modernen Geschäfte.

Governance und Ethik in den Geschäften

Unternehmensskandale und die Notwendigkeit von Veränderungen

In einem Geschäftsumfeld, das ständig öffentlicher Überprüfung unterliegt, sind Governance und Ethik in den Geschäften zu grundlegenden Säulen geworden, um Vertrauen aufzubauen und aufrechtzuerhalten. Unternehmensskandale der Vergangenheit dienten als Warnung und betonten die kritische Notwendigkeit, Praktiken zu etablieren, die über die bloße Einhaltung von Vorschriften hinausgehen.

Redefinition des Unternehmensvertrauens: Vertrauen, einmal verloren, ist schwer wiederzugewinnen. Skandale, die unethische Praktiken und schlechte Governance betreffen, beeinträchtigen nicht nur den Ruf des Unternehmens, sondern auch das allgemeine Vertrauen in das Geschäftsumfeld. Der Wiederaufbau dieses Vertrauens erfordert einen proaktiven Ansatz für solide Governance und ethische Geschäftspraktiken.

Die Suche nach Transparenz: Das digitale Zeitalter hat eine wachsende Nachfrage nach Transparenz mit sich gebracht. Moderne Verbraucher und Investoren verlangen Zugang zu klaren und detaillierten Informationen darüber, wie Unternehmen agieren, von Entscheidungsfindung bis hin zu Buchführungspraktiken.

Die Schlüsselrolle der Guten Governance

Strategische Entscheidungsfindung: Effektive Governance ist nicht nur eine Formalität; sie ist ein wesentlicher Bestandteil strategischer Entscheidungen. Unternehmen mit soliden Governance-Strukturen sind besser positioniert, um den dynamischen Herausforderungen des Geschäftsumfelds zu begegnen und Entscheidungen zu treffen, die allen Interessengruppen zugutekommen.

Transparenz und Rechenschaftspflicht: Transparenz ist nicht nur eine Antwort auf öffentlichen Druck, sondern auch eine Demonstration von Verantwortung und Rechenschaftspflicht. Unternehmen, die einen transparenten Ansatz in ihrer Governance übernehmen, erfüllen nicht nur Vorschriften, sondern bauen auch dauerhafte Beziehungen zu Kunden, Mitarbeitern und Investoren auf.

Ethik als Grundlage des Unternehmertums

Ethik-Kultur: Ethik in den Geschäften ist keine bloße Pflichterfüllung; es ist eine Kultur, die gepflegt werden muss. Ethikbetonte Unternehmen fördern eine Mentalität, die Integrität und Verantwortung auf allen Ebenen schätzt und nicht bei der bloßen Einhaltung von Regeln haltmacht.

Impact über finanzielle Ergebnisse hinaus: Ethik in den Geschäften beschränkt sich nicht auf eine Strategie zur Vermeidung von Skandalen. Sie schafft eine positive Wirkung, die sich in finanziellen Ergebnissen widerspiegelt und die Zufriedenheit der Mitarbeiter, die Kundenloyalität und die positive Wahrnehmung der Marke beeinflusst.

Starke Governance und Ethik in den Geschäften sind entscheidende Elemente für den Aufbau von widerstandsfähigen und vertrauenswürdigen Unternehmen. Bei der Vertiefung dieser Aspekte verstehen wir, warum Governance- und Ethikpraktiken äußerst wichtig für den dauerhaften Erfolg von Unternehmen in der Gegenwart sind.

Die Entstehung des ESG-Konzepts

Die Geburt des ESG: Historische Wurzeln

Das Konzept von ESG (Umwelt, Soziales und Unternehmensführung) hat seine Wurzeln in sozialen Bewegungen und Umweltbedenken, die bis zum Ende des 20. Jahrhunderts zurückreichen. Der Umweltaktivismus, die Suche nach sozialer Unternehmensverantwortung und die Notwendigkeit einer transparenteren

Unternehmensführung waren anfängliche Treiber, die den Weg für die Formalisierung des ESG ebneten.

Dekade 1960-1970: Soziale und Umweltbewegungen Die 1960er Jahre waren geprägt von bedeutenden sozialen Bewegungen, einschließlich der Bürgerrechtsbewegung und Umweltbewusstseins. Das Buch "Silent Spring" von Rachel Carson, veröffentlicht 1962, verdeutlichte die umweltschädlichen Auswirkungen des ungehemmten Einsatzes von Pestiziden und katalysierte die Umweltbewegung.

1990: Corporate Social Responsibility (CSR) In den 1990er Jahren begann die Corporate Social Responsibility (CSR) an Bedeutung zu gewinnen. Unternehmen erkannten die Bedeutung an, zum Wohlergehen der Gesellschaft beizutragen, neben dem Streben nach Gewinnen. Dieser Paradigmenwechsel markierte den Beginn der Integration sozialer Überlegungen in Unternehmensstrategien.

2004: Kofi Annan und die Grundsätze des Global Compact Der von den Vereinten Nationen initiierte Global Compact, der 2000 ins Leben gerufen wurde und von damaligem Generalsekretär Kofi Annan geleitet wurde, ermutigte Unternehmen, Prinzipien in Bezug auf Menschenrechte, Arbeit, Umwelt und

Korruptionsbekämpfung zu übernehmen. Die Grundsätze des Global Compact trugen zur Integration sozialer und Umweltbelange in Unternehmensstrategien bei.

2005: Sozial verantwortliche Investitionen (SRI)
Das Wachstum sozial verantwortlicher Investitionen (SRI) spiegelt die zunehmende Nachfrage nach Anlagestrategien wider, die finanzielle Renditen und soziale sowie ökologische Auswirkungen von Unternehmen berücksichtigen. Dies zwang Unternehmen dazu, ihre ESG-Praktiken zu verbessern, um Investoren anzuziehen, die sich breiteren Kriterien verpflichtet fühlten.

Finanzkrisen und Umweltkatastrophen

Katalysatoren für ESG

2008: Globale Finanzkrise Die Finanzkrise von 2008 war ein Wendepunkt und zeigte die Schwächen in den Praktiken der Unternehmensführung und Ethik auf. Dies führte zu einer verstärkten Überprüfung der Transparenz und Verantwortlichkeit von Unternehmen.

2010er Jahre: Umweltkatastrophen und der Aufstieg von ESG Umweltkatastrophen wie das Ölleck Deepwater Horizon im Jahr 2010 unterstrichen die dringende Notwendigkeit,

Umweltüberlegungen in unternehmerische Aktivitäten einzubeziehen. Diese Ereignisse, zusammen mit einem wachsenden sozialen Bewusstsein, trugen zur Konsolidierung von ESG als umfassendes Konzept bei.

Warum ESG?

ESG entstand als pragmatische Antwort auf die Herausforderungen, denen Unternehmen in der modernen Gesellschaft gegenüberstehen. Mit der Entwicklung der sozialen Erwartungen erkennen Unternehmen die strategische Bedeutung an, Praktiken zu übernehmen, die über die reine Gewinnmaximierung hinausgehen. Die Integration von ESG-Kriterien ist nicht nur eine Reaktion auf externen Druck; es ist eine Strategie, um widerstandsfähigere, ethische und sozial verantwortliche Unternehmen aufzubauen.

Hier erforschen wir den historischen Weg, der zur Entstehung des ESG-Konzepts geführt hat, und heben die Ereignisse und Bewegungen hervor, die diesen ganzheitlichen Ansatz für Geschäfte geprägt haben. Auf unserem Weg werden wir besser verstehen, warum ESG zu einer dringenden Notwendigkeit für Unternehmen geworden ist, die nicht nur überleben, sondern in einer sich ständig weiterentwickelnden Geschäftswelt gedeihen wollen.

In den 1960er Jahren war die Welt von radikalen Veränderungen und sozialen Bewegungen durchdrungen, die etablierte Normen herausforderten und Gleichheit sowie Umweltbewusstsein förderten. Dies war eine transformative Zeit, geprägt von Ereignissen, die Jahrzehnte lang nachhallen würden, auch in der Art und Weise, wie Unternehmen Umweltfragen verstehen und angehen würden.

Soziale Bewegungen und Bürgerrechte

Bürgerrechte: Eine Welle des Wandels

Die 60er Jahre waren geprägt von einer leidenschaftlichen Bewegung für Bürgerrechte, vor allem in den Vereinigten Staaten, wo Aktivisten für Rassengleichheit und Gerechtigkeit kämpften. Führer wie Martin Luther King Jr. leiteten Demonstrationen und hielten eindrucksvolle Reden, um die Rassentrennung zu beenden und die Gleichberechtigung zu fördern.

Umweltbewusstsein: Das Erwachen für eine fragile Natur

Parallel dazu gewann eine ebenso bedeutende Bewegung an Stärke: das Umweltbewusstsein. Rachel Carsons Buch "Der stumme Frühling", das 1962 veröffentlicht wurde, erwies sich als

Warnsignal und machte auf die schädlichen Auswirkungen des rücksichtslosen Einsatzes von Pestiziden, insbesondere DDT, auf die menschliche Gesundheit und die Umwelt aufmerksam.

Der stumme Frühling: Ein Aufruf zum Handeln

Die Auswirkungen von Rachel Carsons Buch

"Der stumme Frühling" war ein Wendepunkt. Carson deckte nicht nur die Gefahren von Pestiziden auf, sondern stellte sich auch direkt gegen die chemische Industrie und die Regulierungsbehörden. Ihre mutige Arbeit zeigte, wie menschliche Aktivitäten irreversible Schäden an der Natur verursachten, einschließlich dem Tod von Vögeln und anderen Tieren, und warnte vor den Folgen für die menschliche Gesundheit.

Katalysierung der Umweltbewegung

Die Auswirkungen von "Der stumme Frühling" waren enorm. Das Werk beeinflusste die öffentliche Meinung, löste hitzige Debatten aus und katalysierte entscheidend die moderne Umweltbewegung. Die Gesellschaft begann, die Beziehung zwischen menschlicher Aktivität und Umweltschäden zu hinterfragen, was sich in zunehmenden Forderungen nach Änderungen in industriellen Praktiken und Umweltpolitiken niederschlug.

Lang anhaltendes Erbe und kulturelle Veränderungen

Änderungen in der Gesetzgebung und im öffentlichen

Bewusstsein Der Aufschrei durch "Der stumme Frühling" führte zu erheblichen gesetzgeberischen Reaktionen. Im Jahr 1972 verboten die Vereinigten Staaten den Einsatz des Pestizids DDT. Darüber hinaus spielte das Buch eine Schlüsselrolle bei der Gründung der Umweltschutzbehörde (EPA) der USA im Jahr 1970, was die direkte Beeinflussung des öffentlichen Bewusstseins auf die Umweltpolitik zeigt.

Aufstieg der Ökologie und der Umweltverantwortung

Die Umweltbewegung der 60er Jahre legte den Grundstein für das Aufkommen der Ökologie als wissenschaftliche Disziplin und für einen kulturellen Wandel, bei dem Umweltverantwortung zu einem entscheidenden Kriterium für das Verhalten von Unternehmen und die Angemessenheit von Regierungspolitiken wurde.

Daher erlebte das Jahrzehnt von 1960-1970 nicht nur soziale Bewegungen und Bürgerrechte, sondern signalisierte auch das Erwachen eines globalen Umweltbewusstseins. "Der stumme Frühling" war ein Leuchtfeuer, das den Weg zur Erkenntnis ebnete, dass menschliches Handeln tiefe Auswirkungen auf die Umwelt hat und eine entscheidende Grundlage für den späteren Aufstieg von ESG als ganzheitlicher Ansatz für Geschäfte und Investitionen schuf.

1990: Corporate Social Responsibility (CSR)

Wandel im Geschäftsparadigma

Als die 1990er Jahre begannen, vollzog sich im Geschäftsbereich ein grundlegender Wandel. Die ausschließliche Ausrichtung auf Gewinnmaximierung wich einer umfassenderen Herangehensweise, bei der Unternehmen die Bedeutung der Beitrag zum sozialen Wohl erkannten. Es war das Aufkommen der Corporate Social Responsibility (CSR), eine Paradigmenänderung, die einen dauerhaften Einfluss auf die Geschäftswelt hinterlassen würde.

Über die Gewinne hinaus

Erweiterung des Unternehmenszwecks: Unternehmen begannen zu verstehen, dass ihre

Rolle über die bloße Suche nach Gewinnen hinausging. Die Gesellschaft verlangte mehr. CSR repräsentierte die Erkenntnis, dass Unternehmen eine umfassendere Verantwortung hatten, nicht nur gegenüber den Aktionären, sondern auch gegenüber den Mitarbeitern, Gemeinden und der Umwelt.

Soziale Überlegungen in Unternehmensstrategien: Zum ersten Mal wurden soziale Überlegungen formell in Unternehmensstrategien aufgenommen. Die Idee, dass Unternehmen Agenten positiver Veränderungen sein könnten, gewann an Bedeutung. Themen wie Geschäftsethik, Unternehmensphilanthropie und ethische Arbeitspraktiken wurden in unternehmerische Entscheidungsprozesse integriert.

Die Entwicklung von CSR

Wachsendes Umweltbewusstsein: Die 1990er Jahre erlebten ein wachsendes Umweltbewusstsein. Unternehmen erkannten, dass ihre soziale Verantwortung nicht von den Umweltauswirkungen ihrer Operationen getrennt werden konnte. Die Integration · nachhaltiger Umweltpraktiken wurde zu einem integralen Bestandteil von CSR.

Schub für die Transparenz: CSR förderte auch die Notwendigkeit von Transparenz in unternehmerischen Handlungen. Unternehmen begannen, Informationen über ihre sozialen und Umweltpraktiken zu veröffentlichen, wobei sie erkannten, dass Transparenz nicht nur eine Reaktion auf öffentlichen Druck war, sondern eine grundlegende Praxis zur Aufbau und Aufrechterhaltung von Vertrauen.

Das Erbe der RSC und die Vorbereitung auf den ESG

RSC als Vorläufer des ESG

Wachstum des sozialen Bewusstseins: Die zunehmende Akzeptanz der RSC ebnete den Weg für die Akzeptanz weitreichenderer Konzepte wie ESG. Die Gesellschaft begann Unternehmen zu schätzen, die nicht nur qualitativ hochwertige Produkte und Dienstleistungen lieferten, sondern sich auch in all ihren Operationen zur sozialen Verantwortung bekannten.

Einfluss auf die Erwartungen der Verbraucher: Die RSC prägte die Erwartungen der Verbraucher, die begannen, Unternehmen mit sozialer Verantwortung zu bevorzugen. Diese

Entscheidungsmacht der Verbraucher spielte eine entscheidende Rolle im Aufstieg des ESG, da Unternehmen die Bedeutung erkannten, ihre Praktiken mit den Werten einer sich entwickelnden Gesellschaft in Einklang zu bringen.

Die 1990er Jahre repräsentierten daher nicht nur den Aufstieg der RSC, sondern auch eine paradigmatische Veränderung in der Wahrnehmung von Unternehmen über ihre Rolle in der Gesellschaft. Diese Entwicklung bereitete den Boden für die nächste Phase vor, in der Umwelt-, Sozial- und Governance-Überlegungen holistischer in das moderne ESG-Konzept integriert würden.

2000er Jahre: Formalisierung des ESG als integriertes Konzept

2004: Kofi Annan und die Prinzipien des Global Compact Mit dem Entfalten des neuen Jahrzehnts stand ein entscheidender Meilenstein für die Formalisierung des ESG kurz bevor. Im Jahr 2000 wurde der Global Compact der Vereinten Nationen ins Leben gerufen, der eine Ära einläutete, in der Unternehmen aufgefordert wurden, ethische und verantwortungsbewusste Prinzipien in ihre Operationen zu integrieren. Diese Initiative, unter der Leitung des damaligen Generalsekretärs Kofi Annan, forderte Unternehmen nicht nur auf, sondern verlangte förmlich, dass sie ihren sozialen und Umwelteinfluss in ihre Unternehmensstrategien sorgfältig einbeziehen.

Der Global Compact und seine Grundprinzipien

Ein Aufruf zu globalem Handeln: Der Global Compact entstand als ein Aufruf zu globalem Handeln und forderte Unternehmen auf, ihre Operationen mit grundlegenden Werten in den Bereichen Menschenrechte, Arbeit, Umwelt und Korruptionsbekämpfung in Einklang zu bringen. Die Vision hinter dem Pakt war klar: eine ethischere und nachhaltigere Form des Geschäfts auf der ganzen Welt zu fördern.

Menschenrechte und würdige Arbeit: Die Prinzipien des Global Compact betonten die Bedeutung der Menschenrechte und würdiger Arbeit. Unternehmen wurden aufgefordert, die grundlegenden Rechte ihrer Mitarbeiter zu respektieren und gerechte und faire Arbeitsumgebungen zu fördern.

Umweltengagement: Die Integration von Umweltbedenken war ein zentraler Aspekt. Unternehmen wurden ermutigt, umweltfreundliche Praktiken zu übernehmen und die Wechselwirkung zwischen ihren Operationen und dem Zustand des Planeten anzuerkennen.

Bekämpfung von Korruption: Transparenz und Integrität in Geschäftsangelegenheiten erhielten besondere Aufmerksamkeit, wobei Unternehmen angeleitet wurden, Korruption in all ihren Formen zu bekämpfen. Dieses Prinzip visierte darauf ab, ethische und integre Geschäftsumgebungen zu schaffen.

Beitrag zur Integration des ESG

Einfluss auf die Unternehmensführung: Die Prinzipien des Global Compact hatten einen signifikanten Einfluss auf die Unternehmensführung und etablierten einen globalen Standard für die ethische Geschäftsführung. Ab diesem Zeitpunkt war gute Unternehmensführung nicht mehr nur eine Wahl, sondern eine globale Erwartung.

Anreiz für nachhaltiges Wirtschaften: Der Global Compact war ein Katalysator für nachhaltiges Wirtschaften und drängte Unternehmen dazu, nicht nur den unmittelbaren Gewinn, sondern auch die langfristigen Auswirkungen ihrer Operationen auf die Welt zu berücksichtigen.

ESG als natürliche Entwicklung

Die Formalisierung der Prinzipien des Global Compact war eine natürliche Entwicklung in

Richtung ESG. Während Unternehmen diese Prinzipien übernahmen, erkannten sie, dass die Integration von Umwelt-, Sozial- und Governance-Überlegungen nicht nur eine ethische Wahl war, sondern eine wesentliche Strategie, um in einer zunehmend vernetzten Welt erfolgreich zu sein.

Dieser historische Meilenstein festigte den Weg zur Konsolidierung des ESG als integriertes Konzept und spiegelte das Verständnis wider, dass der geschäftliche Erfolg intrinsisch mit dem Wohlergehen der Gesellschaft und des Planeten verbunden ist.

2005: Sozial verantwortliche Investitionen (SRI)

Das Jahr 2005 markierte einen entscheidenden Punkt in der Entwicklung des globalen Finanzumfelds mit dem wachsenden Verständnis für sozial verantwortliche Investitionen (SRI). Diese innovative Anlagestrategie veränderte die Marktdynamik und spielte auch eine entscheidende Rolle bei der Förderung der allgemeinen Akzeptanz von mit ESG verbundenen Praktiken.

Die Entstehung sozial verantwortlicher Investitionen (SRI)

Über finanzielle Zahlen hinaus: SRI bedeutete eine grundlegende Veränderung in der Denkweise der Investoren. Traditionell lag der Fokus hauptsächlich auf finanziellen Renditen. Doch im Jahr 2005 gab es ein zunehmendes Verständnis dafür, dass der finanzielle Erfolg von Unternehmen nicht isoliert bewertet werden sollte.

Berücksichtigung von sozialem und Umweltauswirkungen: Die Essenz des ISR liegt in der Berücksichtigung der sozialen und Umweltauswirkungen von Unternehmen. Investoren begannen, nicht nur nach Rentabilität zu suchen, sondern auch nach dem positiven Beitrag von Unternehmen zur Gesellschaft und zur Umwelt.

Förderung von ESG-Praktiken

Verbesserung der Unternehmenspraktiken: Die steigende Nachfrage nach sozial verantwortlichen Investitionen diente als Katalysator für Unternehmen, ihre ESG-Praktiken zu verbessern. Um Investoren anzuziehen, die sich breiteren Kriterien verpflichtet fühlten, wurden Unternehmen ermutigt, ganzheitlichere Ansätze in Bezug auf Umwelt, soziale Verantwortung und Governance zu übernehmen.

Transparenz als Wettbewerbsvorteil: Unternehmen, die eine transparente Haltung zu ihren ESG-Praktiken einnahmen, befanden sich in einer wettbewerbsfähigeren Position.

Sozialbewusste Investoren schätzten Transparenz, und Unternehmen erkannten, dass die klare Offenlegung ihrer Handlungen in diesen Bereichen nicht nur den Markterwartungen entsprach, sondern auch ein positiver Unterschied war.

Integration von ESG ins Unternehmens-DNA

Kultureller Wandel in Unternehmen: Die Einflussnahme des ISR erstreckte sich über die Finanzmärkte hinaus und drang in die Unternehmenskultur ein. Unternehmen begannen zu erkennen, dass die Integration nachhaltiger Praktiken nicht nur eine Reaktion auf externe Drücke war, sondern eine wesentliche Strategie für langfristige Nachhaltigkeit.

Anziehung engagierter Investoren: Da immer mehr Investoren bestrebt waren, ihre Portfolios mit ethischen und nachhaltigen Werten in Einklang zu bringen, erkannten Unternehmen die Bedeutung der Übernahme von ESG-Praktiken nicht nur als ethische Verpflichtung, sondern auch als Möglichkeit, Investoren mit breiteren Kriterien anzuziehen.

ISR als Brücke zur globalen Anerkennung von ESG

Das Wachstum der sozial verantwortlichen Investitionen im Jahr 2005 diente als entscheidende Brücke zur globalen Anerkennung von ESG. Während Unternehmen auf die Nachfrage nach ethischeren und nachhaltigeren Praktiken reagierten, festigte sich das Verständnis, dass die Integration von Umwelt-, sozialen und Governance-Kriterien nicht nur vorteilhaft, sondern auch entscheidend für den Erfolg und die Relevanz in modernen Finanz- und Geschäftsmärkten war.

Finanzkrisen und Umweltkatastrophen: Katalysatoren für ESG

2008: Globale Finanzkrise

Das Jahr 2008 ging nicht nur als Wendepunkt in die Geschichte der Finanzmärkte ein, sondern auch in Bezug darauf, wie Unternehmen in Bezug auf Governance und Ethik wahrgenommen wurden. Die globale Finanzkrise offenbarte tiefe Schwächen im Wirtschaftssystem und führte zu einer kritischen Neubewertung der Geschäftspraktiken weltweit.

Wasserscheide in der Unternehmensführung und Ethik

Offenlegung von Fehlern im System: Die Finanzkrise deckte erhebliche Fehler im globalen Wirtschaftssystem auf. Große Finanzinstitutionen waren betroffen, was auf riskante Praktiken, mangelnde Aufsicht und die Prävalenz unzureichender Governance-Strukturen hinwies.

Mangel an Transparenz und Verantwortlichkeit: Eines der offensichtlichsten Merkmale während der Krise war der Mangel an Transparenz und Verantwortlichkeit in den Geschäftspraktiken. Viele Unternehmen konnten keine klare Sicht auf ihre Vermögenswerte, Verbindlichkeiten und Risiken bieten, was eine kritische Lücke in der Unternehmensführung aufzeigte.

Zunahme von Überwachung und Forderung nach Transparenz

Aufruf zu mehr Transparenz: Die Finanzkrise wirkte wie ein Aufruf zu mehr Transparenz in den Unternehmenspraktiken. Investoren, Regulierungsbehörden und die Öffentlichkeit begannen, eine tiefere Einsicht in die internen Praktiken der Unternehmen zu verlangen, insbesondere im Hinblick auf finanzielle Risiken.

Anerkennung der Bedeutung von Geschäftsethik: Neben der Transparenz betonte die Krise die Bedeutung von Geschäftsethik. Riskante Praktiken und impulsive Entscheidungen führten zu schwerwiegenden Konsequenzen und unterstrichen die kritische Notwendigkeit von Integrität und Ethik in unternehmerischen Entscheidungsprozessen.

Schub für die weitverbreitete Annahme von ESG

Geburt des ESG als Antwort: Die Krise von 2008 war ein bedeutender Katalysator für das Aufkommen von ESG als ganzheitlichem Ansatz für Unternehmen. Unternehmen begannen zu erkennen, dass Nachhaltigkeit nicht nur eine ethische Frage war, sondern eine wesentliche Strategie zur Minimierung finanzieller Risiken und zum Aufbau von Resilienz.

Integration von Umwelt-, Sozial- und Governance-Überlegungen: Als Reaktion auf die Krise begannen Unternehmen, Umwelt-, Sozial- und Governance-Überlegungen in ihre zentralen Strategien zu integrieren. ESG war nicht länger eine Randerscheinung, sondern eine unverzichtbare Notwendigkeit, um Stabilität und Vertrauen in den Märkten zu gewährleisten.

ESG als transformative Antwort

Die Finanzkrise von 2008 diente als Weckruf für die Notwendigkeit eines umfassenderen Ansatzes im Geschäftsleben. ESG entwickelte sich zu einer transformierenden Antwort, die Unternehmen einen Weg zur Wiederherstellung des Vertrauens, zur Stärkung ihrer Governance- und Ethikpraktiken und zur Positionierung als Agenten positiver Veränderung in einer sich ständig wandelnden Geschäftsumgebung bot.

2010er Jahre: Umweltkatastrophen und der Aufstieg von ESG

Umweltkatastrophen: Ein Aufruf zur Verantwortung

In den 2010er Jahren erlebte die Menschheit beeindruckende Umweltkatastrophen, deren Auswirkungen nicht nur in der Natur, sondern auch in den Unternehmensgängen spürbar waren. Unter diesen Ereignissen betonte der Ölleck der Deepwater Horizon im Jahr 2010 die Dringlichkeit von Umweltüberlegungen in den Unternehmenspraktiken.

Deepwater Horizon und ihre Folgen

Die Katastrophe der Deepwater Horizon: Das Ölleck der Deepwater Horizon war eine Umwelttragödie von erheblichem Ausmaß. Millionen von Barrel Öl wurden im Golf von Mexiko verschüttet, was zu verheerenden Schäden für die Meeresfauna, die Kükosysteme und die lokale Fischereiindustrie führte.

Auswirkungen auf Unternehmen und Ruf: Neben den Umweltschäden hatte die Katastrophe direkte Auswirkungen auf die beteiligten Unternehmen. BP, der Betreiber der Plattform, sah sich erheblichen finanziellen Auswirkungen und einem erheblichen Verlust an Ruf gegenüber.

Dringende Notwendigkeit von Umweltüberlegungen: Das Ölleck der Deepwater Horizon war kein isoliertes Ereignis. Zusammen mit anderen Umweltkatastrophen des Jahrzehnts wie dem Austritt giftiger Chemikalien und großflächiger Entwaldung betonte es die Dringlichkeit von Umweltüberlegungen in den Unternehmenspraktiken.

Wachsendes soziales Bewusstsein: Die Gesellschaft wurde sich zunehmend der Umweltauswirkungen unternehmerischer Aktivitäten bewusst. Soziale Medien und die Medien verliehen einer globalen Erzählung eine

Stimme und erhöhten den Druck auf Unternehmen, nicht nur für Gewinne, sondern auch für die Umweltauswirkungen ihrer Aktivitäten verantwortlich zu sein.

Konsolidierung von ESG als integralem Konzept

Integration von ESG-Überlegungen: Die Umweltkatastrophen der 2010er Jahre beschleunigten die Konsolidierung von ESG als integralem Konzept. Unternehmen erkannten, dass sie Umwelt-, soziale und Governance-Kriterien nicht länger ignorieren konnten. Die Integration dieser Prinzipien wurde wesentlich für die Nachhaltigkeit von Unternehmen.

Druck von Stakeholdern: Die Stakeholder, einschließlich Investoren, Kunden und betroffener Gemeinden, verstärkten den Druck auf ethischere und nachhaltigere Praktiken. Unternehmen, die diese Überlegungen ignorierten, sahen sich nicht nur Umweltrisiken, sondern auch finanziellen und Rufrisiken gegenüber.

ESG als Antwort auf die Umweltimperativ: Die Umweltkatastrophen der 2010er Jahre waren ein Weckruf für die dringende Notwendigkeit von Umweltüberlegungen in den Unternehmenspraktiken. Der Aufstieg von ESG als integralem Konzept war die Antwort der

Geschäftswelt, sich diesen Herausforderungen zu stellen und einen nachhaltigeren und verantwortungsbewussteren Ansatz für das Geschäft im 21. Jahrhundert zu schaffen.

Kapitel

E

(Environmental)

(Umwelt) - Auf dem Weg zur unternehmerischen Nachhaltigkeit

In der unermüdlichen Suche nach verantwortungsbewussten und nachhaltigen Geschäftsmodellen bezieht sich das Kapitel "E" auf die Umwelt und bildet den Einstieg in das Konzept von ESG in unserem Buch. Es erschließt das weite Gebiet der Umweltüberlegungen in unternehmerischen Aktivitäten. In den Tiefen dieses Kapitels werden wir die zunehmende Bedeutung von Politiken und Praktiken erkunden, die den Umweltschutz fördern, und dabei nicht nur einen kritischen Blick auf die aktuellen Herausforderungen werfen, sondern auch vielversprechende Wege für den Aufbau einer umweltfreundlicheren unternehmerischen Zukunft aufzeigen.

Auf dem Weg zum Umweltbewusstsein

Verständnis der Komplexität der Unternehmensumwelt

Zeitgenössische Umweltprobleme: Die Herausforderungen, denen Unternehmen im Umweltkontext gegenüberstehen, reichen von den Auswirkungen des Klimawandels bis zur verantwortungsbewussten Bewirtschaftung natürlicher Ressourcen. Sie unterstreichen die Dringlichkeit von Maßnahmen zur Minderung negativer Auswirkungen und zur Förderung von Gesundheit und Nachhaltigkeit des Planeten.

Die Rolle von Unternehmen im Umweltschutz: Es wird die transformierende Rolle untersucht, die Unternehmen beim Umweltschutz spielen können. Wir werden innovative Initiativen und bewährte Praktiken analysieren, die darauf abzielen, wirtschaftliches Wachstum mit dem Schutz natürlicher Ressourcen in Einklang zu bringen.

Erkundung nachhaltiger Strategien

Innovative Ansätze und vorbildliche Praktiken

Nachhaltigkeit als Geschäftsstrategie: Wir betreten den Bereich der Nachhaltigkeit als eine grundlegende Strategie für die langfristige Lebensfähigkeit von Unternehmen. Wir werden Erfolgsbeispiele untersuchen, die zeigen, wie

Unternehmen Umweltpraktiken in ihre Geschäftsmodelle integrieren.

Umweltinnovation: Wir werden technologische Innovationen und disruptive Praktiken erkunden, die die Umweltagenda in Unternehmen vorantreiben. Von Energieeffizienz bis zur Kreislaufwirtschaft werden wir untersuchen, wie Organisationen innovative Ansätze anwenden, um ihre Auswirkungen auf die Umwelt zu minimieren.

Herausforderungen und Chancen

Navigation in herausfordernden Gewässern

Umweltvorschriften und Compliance: Wir werden das regulatorische Umfeld analysieren und die Komplexitäten und Chancen diskutieren, denen Unternehmen in Bezug auf die Einhaltung von Umweltstandards gegenüberstehen. Wie gestalten Vorschriften unternehmerische Praktiken und wie können Unternehmen über die bloße Einhaltung hinausgehen, um bei der Nachhaltigkeit führend zu sein?

Unternehmerische Resilienz und Umwelt: Wir werden die Beziehung zwischen unternehmerischer Resilienz und Umweltpraktiken diskutieren. Wie trägt die Umweltüberlegung zur langfristigen Widerstandsfähigkeit von Unternehmen gegenüber den Herausforderungen des Klimawandels und anderen Umweltproblemen bei?

Im Verlauf dieses Kapitels laden wir die Leser ein, darüber nachzudenken, wie Unternehmen positive Veränderungen katalysieren können, indem sie Umweltprobleme in Möglichkeiten zur verantwortungsbewussten und nachhaltigen Prosperität umwandeln.

Zeitgenössische Umweltprobleme

Auf dem Weg zur unternehmerischen Nachhaltigkeit ist es unerlässlich, die zeitgenössischen Umweltprobleme zu konfrontieren, die das Unternehmensumfeld prägen. Diese Herausforderungen sind nicht nur Hindernisse; sie sind dringende Aufforderungen zum Handeln, die Unternehmen dazu aufrufen, ihre Praktiken und Strategien grundlegend zu überdenken, um die Umwelterhaltung zu gewährleisten. Lassen Sie uns einige der drängenden Herausforderungen erkunden, die das zeitgenössische Umfeld prägen.

Klimawandel:

Der Klimawandel erhebt sich als eine der drängendsten Herausforderungen unserer Zeit. Der Anstieg der Treibhausgasemissionen treibt extreme Wetterereignisse, den Anstieg des Meeresspiegels und Bedrohungen für die Artenvielfalt an. Unternehmen, als große Treiber dieser Emissionen, tragen die Verantwortung, ihre Auswirkungen zu mildern und nachhaltigere Praktiken zu übernehmen.

Knappheit natürlicher Ressourcen:

Die steigende Nachfrage nach natürlichen Ressourcen in Verbindung mit nicht nachhaltigen Praktiken führt zu einer raschen Knappheit von Wasser, Land, Mineralien und anderen wesentlichen Ressourcen. Unternehmen müssen ihre Produktions- und Konsummodelle überdenken, um die Integrität der Ökosysteme zu bewahren und eine gerechte Verteilung dieser kostbaren Ressourcen sicherzustellen.

Verschmutzung und Abfallmanagement:

Luft-, Wasser- und Bodenverschmutzung stellen eine ständige Bedrohung für die Umwelt dar. Darüber hinaus führt der Anstieg der Abfallproduktion, insbesondere von Kunststoffen, zu erheblichen Herausforderungen bei der

Bewältigung dieser Materialien. Unternehmen werden aufgefordert, Praktiken zu übernehmen, die die Verschmutzung reduzieren, das Recycling fördern und die Abfallmenge minimieren.

Verlust der Artenvielfalt:

Die Degradierung natürlicher Lebensräume und nicht nachhaltige Landnutzungspraktiken tragen zum raschen Verlust der Artenvielfalt bei. Unternehmen haben die entscheidende Rolle, die Auswirkungen ihrer Aktivitäten auf die Artenvielfalt zu berücksichtigen und Ansätze zu fördern, die den Schutz und die Wiederherstellung von Ökosystemen unterstützen.

Energie und Übergang zu erneuerbaren Quellen:

Die Abhängigkeit von nicht erneuerbaren Energiequellen verstärkt die Umweltprobleme. Der Übergang zu erneuerbaren Energiequellen ist unerlässlich, um die Kohlenstoffemissionen zu reduzieren. Unternehmen werden aufgefordert, effizientere Praktiken zu übernehmen und in saubere Energiequellen zu investieren.

Auf dem Weg zu Lösungen und Innovationen

Angesichts dieser Herausforderungen ist der Druck auf Unternehmen, innovative und nachhaltige Lösungen zu übernehmen, unbestreitbar. Die

Bewältigung dieser Hindernisse ist nicht nur eine Umweltnotwendigkeit, sondern auch eine vitale Strategie für das Überleben und den Erfolg von Unternehmen im 21. Jahrhundert. Im nächsten Abschnitt werden wir Initiativen und bewährte Praktiken erkunden, die vielversprechende Wege aufzeigen, um diese Herausforderungen zu bewältigen und eine nachhaltigere unternehmerische Zukunft aufzubauen.

Die Rolle der Unternehmen im Umweltschutz

In einer Ära, in der Umweltfragen zu Imperativen geworden sind, spielen Unternehmen eine zentrale Rolle bei der Erhaltung der Umwelt. Dieses Kapitel erforscht, wie Organisationen die traditionelle Rolle einfacher wirtschaftlicher Akteure überschreiten können, um wahre Hüter des Planeten zu werden. Tauchen wir ein in die vielschichtige Rolle der Unternehmen bei der Erhaltung der Umwelt.

Reduzierung von Treibhausgasemissionen:

Unternehmen tragen die Verantwortung, ihre Treibhausgasemissionen zu bewerten und zu reduzieren. Der Übergang zu saubereren Energiequellen, Energieeffizienz und die Kompensation von Emissionen sind

Schlüsselmaßnahmen, die ergriffen werden können. Diese Praktiken mildern nicht nur den Klimawandel, sondern verleihen den Unternehmen auch Widerstandsfähigkeit gegenüber zukünftigen Vorschriften.

Annahme nachhaltiger Produktionspraktiken:

Die Neugestaltung von Produktionsmodellen ist entscheidend. Die Umsetzung nachhaltiger Praktiken, wie die Kreislaufwirtschaft, die den Abfall minimiert und die Nutzung von Ressourcen optimiert, wird zu einer entscheidenden Strategie. Innovative Unternehmen erforschen Wege, wie sie Waren und Dienstleistungen produzieren können, die den Umwelteinfluss entlang der gesamten Wertschöpfungskette minimieren.

Erhaltung von Ökosystemen:

Unternehmen können eine wesentliche Rolle bei der Erhaltung wesentlicher Ökosysteme spielen. Dazu gehört der Schutz natürlicher Gebiete, die Wiederherstellung degradierter Lebensräume und die Umsetzung nachhaltiger landwirtschaftlicher Praktiken. Auf diese Weise tragen Unternehmen nicht nur zur Bewahrung der Biodiversität bei, sondern auch zur Widerstandsfähigkeit ihrer eigenen Lieferketten.

Verantwortungsvolles Abfallmanagement:

Das Abfallmanagement wird zu einem entscheidenden Fokusgebiet. Unternehmen können Praktiken übernehmen, die die Abfallproduktion reduzieren, das Recycling fördern und die ordnungsgemäße Entsorgung von Abfällen sicherstellen. Die Implementierung von Rücknahmeprogrammen und die Reduzierung des Einsatzes von Einwegmaterialien sind in dieser Hinsicht effektive Strategien.

Innovation in grünen Technologien:

Innovative Unternehmen investieren in grüne Technologien. Dazu gehört die Entwicklung von Produkten und Dienstleistungen, die nachhaltiger sind, sowie die Integration sauberer Technologien in Produktionsprozesse. Diese Herangehensweise reduziert nicht nur den Umwelteinfluss, sondern schafft auch Chancen für Marktführerschaft und Wettbewerbsdifferenzierung.

Integration der Umwelterhaltung in die Unternehmensidentität

Die Umwelterhaltung ist nicht nur eine Reihe von Praktiken; sie ist ein intrinsischer Bestandteil der modernen Unternehmensidentität. Unternehmen, die ihre Rolle bei der Erhaltung der Umwelt erkennen und akzeptieren, erfüllen nicht nur die Erwartungen der Gesellschaft, sondern fördern auch langfristige Widerstandsfähigkeit und führen den Weg zu einer nachhaltigeren und verantwortungsbewussteren Unternehmenszukunft. Im nächsten Abschnitt werden wir erkunden, wie Umweltinnovation die Geschäftsmodelle transformiert und die Suche nach Nachhaltigkeit vorantreibt.

Erkundung nachhaltiger Strategien

Innovative Ansätze und vorbildliche Praktiken

Ganzheitliche Vision und Integration: Führende Unternehmen übernehmen eine ganzheitliche Sichtweise der Nachhaltigkeit und integrieren sie ins Zentrum ihrer Operationen. Es ist nicht länger nur eine isolierte Initiative, sondern eine Denkweise, die alle Unternehmensentscheidungen durchdringt, angefangen bei der Produktkonzeption bis hin zu Lieferkettenstrategien.

Ausrichtung an globalen Zielen: Nachhaltigkeitsstrategien werden zunehmend mit globalen Zielen wie den Nachhaltigkeitszielen der Vereinten Nationen abgestimmt. Unternehmen identifizieren

Geschäftsmöglichkeiten, die nicht nur den Nachhaltigkeitszielen entsprechen, sondern auch kritische soziale und Umweltfragen ansprechen.

Wirkungsmessung: Die Messung des Einflusses ist zu einem unerlässlichen Werkzeug geworden. Unternehmen nutzen spezifische Kennzahlen, um ihre Umweltleistung zu bewerten, von der CO_2-Bilanz bis zur verantwortungsbewussten Nutzung natürlicher Ressourcen. Diese Herangehensweise zeigt nicht nur Transparenz, sondern ermöglicht auch kontinuierliche Verbesserungen.

Umweltinnovation

Kreislaufwirtschaft: Die Kreislaufwirtschaft, die darauf abzielt, Abfall zu minimieren und Ressourcen wiederzuverwenden, wird zu einer vorbildlichen Praxis. Unternehmen überdenken ihre Produktions- und Konsummodelle und übernehmen kreislauforientierte Ansätze, die zur Reduzierung von Abfällen beitragen und die Ressourceneffizienz fördern.

Nachhaltiges Design: Die Innovation im Produktdesign konzentriert sich auf Nachhaltigkeit. Recycelbare Materialien, umweltfreundliche Verpackungen und verlängerte Lebenszyklen sind zentrale Elemente. Unternehmen erkennen, dass nachhaltiges Design nicht nur umweltbewusste

Verbraucher anzieht, sondern auch Umweltauswirkungen im Laufe der Zeit reduziert.

Führung bei der Umstellung auf erneuerbare Energien

Übergang zu sauberen Energiequellen: Die Umstellung auf erneuerbare Energiequellen wird zu einer wesentlichen Praxis für nachhaltige Unternehmen. Investitionen in Solar-, Wind- und andere Formen sauberer Energie reduzieren nicht nur die Emissionen, sondern schaffen auch Widerstandsfähigkeit gegenüber der Volatilität der Preise für fossile Brennstoffe.

Energieeffizienz: Die Energieeffizienz ist ein Eckpfeiler nachhaltiger Unternehmenspraktiken. Unternehmen übernehmen Technologien und Prozesse, die den Energieverbrauch reduzieren, was zu erheblichen finanziellen Einsparungen führt und die CO_2-Bilanz verringert.

Auf dem Weg zu einem transformierenden Unternehmensnachhaltigkeit

Die Exploration nachhaltiger Strategien ist nicht nur eine ethische Wahl; sie ist eine praktische Antwort auf die dringende Notwendigkeit, unseren Planeten zu schützen. Unternehmen, die diese

Ansätze integrieren, mildern nicht nur Umweltrisiken, sondern positionieren sich auch als innovative Führungskräfte in einer Welt, die bedeutende Maßnahmen erfordert, um eine nachhaltige Zukunft zu gewährleisten. Im nächsten Abschnitt werden wir untersuchen, wie Umweltinnovation die Unternehmenslandschaft formt und Türen zu einer neuen Ära der Unternehmensverantwortung öffnet.

Herausforderungen und Chancen

Auf unserer Reise durch den Sturm der Umweltüberlegungen in unternehmerischen Praktiken stoßen wir nicht nur auf imposante Herausforderungen, sondern auch auf bedeutende Chancen für positive Veränderungen. Dieses Kapitel ist ein tiefes Eintauchen in die herausfordernden Gewässer zeitgenössischer Umweltdilemmata, während es auch die latenten Möglichkeiten identifiziert, die sich aus der Annahme nachhaltiger und innovativer Praktiken ergeben können.

Navigieren in herausfordernden Gewässern

Umweltregulierungen und Compliance: Die wachsende Komplexität der Umweltvorschriften stellt Unternehmen vor bedeutende

Herausforderungen. Die Compliance ist nicht nur eine gesetzliche Notwendigkeit, sondern auch eine ethische Verantwortung. Wir werden untersuchen, wie Unternehmen nicht nur diesen Normen entsprechen können, sondern auch darüber hinausgehen können, indem sie die Führung übernehmen und höhere Standards setzen.

Unternehmensresilienz und Umwelt: Die unternehmerische Resilienz, die für das Überleben in einer dynamischen Welt entscheidend ist, ist untrennbar mit Umweltpraktiken verbunden. Klima- und Umweltherausforderungen können die operative Kontinuität beeinträchtigen. Wir werden erforschen, wie Unternehmen widerstandsfähiger werden können, nicht nur um Umweltherausforderungen zu bewältigen, sondern auch, um trotz dieser Herausforderungen zu gedeihen.

Emergierende Chancen

Umweltinnovation als Wettbewerbsvorteil: Inmitten der Herausforderungen bietet sich eine einzigartige Gelegenheit: Umweltinnovation. Unternehmen, die in Forschung und Entwicklung investieren, um nachhaltigere Produkte und Prozesse zu schaffen, gewinnen nicht nur einen ethischen Vorteil, sondern auch einen wertvollen Wettbewerbsvorteil auf dem Markt.

Aufstrebende Märkte für erneuerbare Energien: Der Übergang zu sauberen Energiequellen eröffnet Wege zu neuen Märkten und Investitionsmöglichkeiten. Wir werden erkunden, wie Unternehmen nicht nur nachhaltige Praktiken übernehmen können, sondern auch aufkommende Chancen in den Bereichen erneuerbare Energien und saubere Technologien nutzen können.

Sustainability als Wertgenerierung

Wertschöpfung für Stakeholder: Nachhaltigkeit ist nicht nur eine Umweltstrategie; sie ist eine mächtige Quelle von Wert für die Stakeholder. Von umweltbewussten Kunden bis zu Investoren, die sich zu ESG-Kriterien verpflichten, schaffen nachhaltige Unternehmen stärkere und dauerhaftere Beziehungen.

Ruf und nachhaltiges Branding: Der Ruf eines Unternehmens ist zunehmend mit seinen Umweltpraktiken verbunden. Unternehmen, die nachhaltige Strategien übernehmen, stärken nicht nur ihre Marken, sondern bauen auch einen soliden Ruf auf, der bei umweltbewussten Verbrauchern Anklang findet.

Auf dem Weg zu einer transformierenden Unternehmensnachhaltigkeit

Ich lade die Leser ein, nicht nur die Herausforderungen zu erkunden, denen Unternehmen inmitten der Umweltkomplexitäten gegenüberstehen, sondern auch die außergewöhnlichen Chancen zu betrachten, die sich aus der Annahme nachhaltiger Praktiken ergeben. Beim Navigieren durch diese turbulenten Gewässer haben Unternehmen die Möglichkeit, sich zu transformieren, nicht nur Risiken zu mindern, sondern auch an der Spitze der Unternehmensverantwortung zu stehen und zu einer nachhaltigeren und gerechteren Zukunft beizutragen.

Umweltregulierungen und Compliance

Moderne Unternehmen sehen sich einem komplexen und sich ständig weiterentwickelnden regulatorischen Umfeld in Bezug auf Umweltfragen gegenüber. Umweltregulierungen spielen eine entscheidende Rolle bei der Festlegung von Standards und der Förderung unternehmerischer Verantwortung. Für Unternehmen stellen diese Regulierungen jedoch nicht nur rechtliche Verpflichtungen dar; sie sind vielmehr ein Kompass, der in Richtung Nachhaltigkeit und Umweltschutz zeigt.

Regulatorische Komplexität: Die Vielzahl von Umweltvorschriften, die von verschiedenen Regierungsbehörden und in verschiedenen Rechtsgebieten erlassen werden, stellt eine erhebliche Herausforderung für Unternehmen dar. Die Navigation durch diese komplexe Landschaft erfordert ein tiefes Verständnis der spezifischen Normen, die auf jeden Sektor und jede Region anwendbar sind.

Verantwortung und Unternehmensethik: Die strikte Einhaltung der Umweltvorschriften ist nicht nur eine gesetzliche Notwendigkeit; es handelt sich um ein ethisches Gebot. Unternehmen sind aufgerufen, nicht nur die minimalen Anforderungen zu erfüllen, sondern eine proaktive Haltung bei der Reduzierung von Umweltauswirkungen und der Förderung nachhaltiger Praktiken einzunehmen.

Herausforderungen im Zusammenhang mit der Umwelt-Compliance

Kosten im Zusammenhang mit der Einhaltung: Oft sind mit der Erfüllung strenger Umweltvorschriften erhebliche Kosten für Unternehmen verbunden. Von der Einführung sauberer Technologien bis zur ordnungsgemäßen Abfallbewirtschaftung stehen Organisationen vor finanziellen Herausforderungen bei der Streben nach Compliance.

Genauigkeit bei der Überwachung und Berichterstattung: Die Umwelt-Compliance erfordert genaue Überwachung und transparente Berichterstattung. Diese Aufgabe kann komplex sein und erfordert Investitionen in Überwachungssysteme und zuverlässige Datenerfassung, um die Compliance zu gewährleisten und Strafen zu vermeiden.

Innovation für die Einhaltung: Mit zunehmend strengeren Umweltvorschriften entsteht eine Gelegenheit zur Innovation. Unternehmen, die in nachhaltige Technologien und Praktiken investieren, erfüllen nicht nur die gesetzlichen Anforderungen, sondern zeichnen sich auch als innovative Branchenführer aus.

Wettbewerbsvorteil und Zugang zu Märkten: Unternehmen, die ein ernsthaftes Engagement für die Einhaltung von Umweltstandards zeigen, erlangen einen Wettbewerbsvorteil. Darüber hinaus fordern viele Märkte, insbesondere solche, die auf umweltbewusste Verbraucher ausgerichtet sind, zunehmend Produkte und Dienstleistungen von sozial und umweltverantwortlichen Unternehmen.

Nachhaltigkeit über die gesetzliche Compliance hinaus

Management von Umweltrisiken: Für Unternehmen ist die Umwelt-Compliance nicht nur eine Frage der Vermeidung rechtlicher Strafen; es handelt sich um eine wesentliche Risikomanagementstrategie. Die Nichterfüllung kann zu nicht wiedergutzumachenden Rufschäden, rechtlichen Auseinandersetzungen und dem Verlust von Geschäftslizenzen führen.

Integration der Compliance in die Unternehmens-DNA: Die wahre Gelegenheit für Unternehmen besteht in der Integration der Umwelt-Compliance in ihre Unternehmens-DNA. Wenn nachhaltige Praktiken in der Organisationskultur verankert sind, wird die Einhaltung von Normen zu einem intrinsischen Bestandteil des täglichen Betriebs und trägt zu einem holistischen Ansatz zur Unternehmensverantwortung bei.

Auf dem Weg zu einem transformierenden Unternehmensnachhaltigkeit

Beim Erforschen der Umweltvorschriften und der Compliance-Herausforderungen haben Unternehmen die Möglichkeit, nicht nur rechtliche

Verpflichtungen zu erfüllen, sondern auch an der Spitze der unternehmerischen Nachhaltigkeit zu stehen. Im nächsten Abschnitt werden wir untersuchen, wie die Unternehmensresilienz durch verantwortungsbewusste Umweltpraktiken gestärkt werden kann, um Herausforderungen in Chancen für nachhaltiges Wachstum zu verwandeln.

Resilienz im Unternehmen und Umwelt

Inmitten von Stürmen des Klimawandels, Ressourcenknappheit und Umweltausforderungen wird unternehmerische Resilienz zu einem entscheidenden Ruder, um langfristiges Überleben und Wohlstand zu gewährleisten. Dieser Abschnitt erforscht die entscheidende Schnittstelle zwischen unternehmerischer Resilienz und Umweltpraktiken und zeigt auf, wie Unternehmen nicht nur Herausforderungen bewältigen, sondern auch in dynamischen und sich entwickelnden Umgebungen gedeihen können.

Verletzlichkeit gegenüber Klimawandel: Klimawandel stellt eine bedeutende Bedrohung für unternehmerische Resilienz dar. Extremwetterereignisse wie Hurrikane, Dürren und Überschwemmungen können Betriebsabläufe stören, Infrastrukturen beschädigen und Lieferketten beeinträchtigen. Widerstandsfähige Unternehmen erkennen die Notwendigkeit von Anpassung und Minderung.

Ressourcenknappheit und Abhängigkeit von Lieferketten: Die Knappheit natürlicher Ressourcen und die Abhängigkeit von globalen Lieferketten erhöhen die Verwundbarkeit von Unternehmen. Resilienz erfordert eine Neubewertung dieser Ketten, Identifizierung nachhaltiger Quellen und Strategien zur Reduzierung der Abhängigkeit von endlichen Ressourcen.

Strategien zur Stärkung der Unternehmensresilienz

Diversifizierung der Energiequellen: Die Umstellung auf sauberere Energiequellen reduziert nicht nur den CO_2-Fußabdruck, sondern stärkt auch die energetische Resilienz. Unternehmen, die ihre Energiequellen diversifizieren, sind weniger anfällig für Schwankungen der Preise fossiler Brennstoffe und Lieferunterbrechungen.

Anpassung an den Klimawandel: Resilienz erfordert die Fähigkeit, sich an den Klimawandel anzupassen. Dies umfasst die Bewertung klimabezogener Risiken für Betriebsabläufe und die Umsetzung präventiver Maßnahmen wie wetterfester Infrastruktur und Strategien zur Verringerung der Verwundbarkeit.

Aufkommende Chancen

Innovation in grünen Technologien: Innovative Unternehmen sehen in grünen Technologien eine Gelegenheit, die Resilienz zu stärken. Investitionen in nachhaltige Technologien wie erneuerbare Energie und effizientere Produktionsprozesse reduzieren nicht nur Umweltauswirkungen, sondern schaffen auch robustere Geschäftsmodelle.

Zugang zu nachhaltiger Finanzierung: Unternehmerische Resilienz ist ein attraktiver Faktor für Investoren, die sich zu ESG-Kriterien verpflichten. Unternehmen, die eine proaktive Herangehensweise an die Minderung von Umweltrisiken zeigen, haben einen besseren Zugang zu nachhaltiger Finanzierung und können Investoren anziehen, die langfristige Resilienz schätzen.

Integration von Nachhaltigkeit in die Unternehmensresilienz

Resiliente Organisationskultur: Resilienz geht über technische Maßnahmen hinaus; sie beruht auf einer resilienten Organisationskultur. Unternehmen, die Umweltbewusstsein unter ihren Mitarbeitern fördern, schaffen anpassungsfähigere und innovativere Teams, bereit, unvorhergesehenen Herausforderungen zu begegnen.

Teilnahme an Resilienznetzwerken: Die Teilnahme an Resilienznetzwerken, wie sektoralen Initiativen oder nachhaltigen Unternehmensgemeinschaften, bietet zusätzliche Unterstützung. Der Austausch bewährter Praktiken und die Zusammenarbeit können die kollektive unternehmerische Resilienz stärken.

Auf dem Weg zu einer transformierenden Unternehmensnachhaltigkeit

Beim Erforschen der Verbindung zwischen unternehmerischer Resilienz und Umweltpraktiken positionieren sich Unternehmen nicht nur zum Schutz vor Risiken, sondern auch zum Gedeihen in einer sich ständig verändernden Welt. Im nächsten Abschnitt werden wir untersuchen, wie Umweltinnovation nicht nur eine Antwort auf Herausforderungen ist, sondern auch eine vitale Quelle von Chancen für nachhaltiges Wachstum.

Am Ende unserer Erkundung des Kapitels E tauchten wir in die herausfordernden Gewässer der Umweltvorschriften ein und stellten uns den Komplexitäten und Verpflichtungen, die sie Unternehmen auferlegen. Die Notwendigkeit der Compliance ist nicht nur eine gesetzliche Anforderung; sie ist vielmehr ein ethischer Aufruf zur unternehmerischen Verantwortung. Wir navigierten durch die Herausforderungen der Compliance, von den damit verbundenen Kosten bis zur Notwendigkeit präziser Überwachung, und hoben hervor, wie die Integration der Umwelt-Compliance in das Unternehmens-DNA entscheidend ist.

Beim Betreten des Gebiets der unternehmerischen Resilienz haben wir verstanden, wie der Klimawandel und die Ressourcenknappheit konkrete Bedrohungen für die operative Kontinuität darstellen. Wir haben jedoch Strategien zur Stärkung der Resilienz identifiziert, wie die Diversifizierung der Energiequellen und die Anpassung an den Klimawandel. Wir haben auch aufkommende Chancen wie die Innovation in grünen Technologien und den Zugang zu nachhaltiger Finanzierung untersucht.

Entlang dieses Weges wird deutlich, dass Nachhaltigkeit nicht nur ein Ziel ist, das erreicht werden soll; es ist eine fortlaufende Reise. Unternehmensresilienz und Umwelt-Compliance sind keine bloßen Anforderungen, sondern vielmehr wesentliche Grundlagen für den Aufbau einer soliden und nachhaltigen Unternehmenszukunft.

In der abschließenden Betrachtung dieses Kapitels laden wir die Leser ein, nicht nur die

Herausforderungen, sondern auch die außergewöhnlichen Chancen zu berücksichtigen, die sich aus der Annahme nachhaltiger und innovativer Praktiken ergeben. Die Integration dieser Prinzipien in das Unternehmens-DNA stärkt nicht nur die Unternehmen gegen Umweltstürme, sondern positioniert sie auch als führend im Aufbau einer ethischen, widerstandsfähigen und nachhaltigen Unternehmenswelt.

Als nächstes werden Beispiele dafür untersucht, wie Umweltinnovation als eine transformative Kraft Hindernisse überwinden und Wege für eine neue Ära unternehmerischer Verantwortung und nachhaltigen Wachstums eröffnen kann.

Fast Fashion - Wenn das Vergängliche dauerhafte Probleme verursacht

Das Aufkommen der Fast Fashion, gekennzeichnet durch die Massenproduktion von erschwinglicher Kleidung und beschleunigte Modezyklen, hat eine Reihe von Umweltproblemen mit sich gebracht, die über die glänzenden Schaufenster der Modengeschäfte hinausgehen. Dieses Modell des kurzlebigen Konsums, angetrieben durch die ständige Suche nach neuen Trends, führte zu einer verheerenden Praxis der Entsorgung und verwandelte Teile von Afrika und Südamerika in Mülldeponien.

In vielen Fällen werden Fast-Fashion-Kleidungsstücke in Entwicklungsländern produziert, wo die Arbeitskosten niedriger sind. Diese groß angelegte Produktion vernachlässigt jedoch oft die Umweltauswirkungen und führt zu einem Berg von Textilabfällen. Insbesondere in Afrika sehen wir Gemeinden durch diese Entsorgung überlastet, was zu Umwelt- und öffentlichen Gesundheitsproblemen führt.

Die Praxis der rücksichtslosen Entsorgung von Fast-Fashion-Kleidung trägt erheblich zur Umweltverschmutzung bei. Synthetische Stoffe und giftige Farbstoffe in diesen Stücken kontaminieren Böden und Wasserressourcen und beeinträchtigen lokale Ökosysteme und damit das

Leben der von diesen Ressourcen abhängigen Gemeinden.

Darüber hinaus führt die schnelle Überalterung von Fast-Fashion-Kleidung zu einem Teufelskreis von Konsum und Entsorgung. In vielen Fällen werden die Stücke nur wenige Male getragen, bevor sie weggeworfen werden, was eine konstante Nachfrage nach neuen Produkten schafft und die bereits bestehenden Probleme verschärft.

Die rücksichtslose Ausbeutung natürlicher Ressourcen für die Produktion von Fast-Fashion-Kleidung beeinträchtigt auch negativ lokale Gemeinschaften. In Teilen von Südamerika sehen wir Ökosysteme für die unersättliche Nachfrage der Modeindustrie degradiert, was zu Vertreibungen von Gemeinden und dem Verlust von Biodiversität führt.

Die Kreislaufwirtschaft, die die Wiederverwendung, das Recycling und die Reduzierung von Abfall befürwortet, wird von diesem Konsummodell oft ignoriert. Der Mangel an Anreizen für das Recycling von Kleidung trägt zur Ansammlung von Abfällen auf Mülldeponien bei und schafft ein Problem globaler Dimensionen.

Neben den Umweltauswirkungen spiegelt die Praxis der Kleidungsentsorgung in Entwicklungsländern eine globale Ungleichheit wider. Textilmüll aus wohlhabenderen Nationen wird oft in ärmere Länder geschickt, was die globalen Ungleichheiten verschärft und die lokalen Infrastrukturen weiter belastet.

Es ist entscheidend, das Modell der Fast Fashion zu überdenken und nachhaltigere Praktiken zu übernehmen. Die Förderung verantwortungsbewusster Produktion, die Sensibilisierung für die Umweltauswirkungen der Fast Fashion und Investitionen in nachhaltige Alternativen sind wesentliche Schritte, um die bereits verursachten Schäden zu mildern und zu verhindern, dass weitere Regionen in Afrika und Südamerika Opfer dieses schädlichen Konsummusters werden. Der Übergang zu einem bewussteren Ansatz ist eine dringende Umweltnotwendigkeit und auch eine ethische Verpflichtung, um eine gerechtere und nachhaltigere Zukunft für alle zu gewährleisten.

Patagonia - Das ESG-Beispiel in der Praxis

In einer Branche, die oft mit nachhaltigkeitsunfreundlichen Praktiken in Verbindung gebracht wird, erhebt sich das Unternehmen Patagonia als ein Leuchtfeuer der Hoffnung und ein bemerkenswertes Beispiel für Umwelt- und soziale Verantwortung. Gegründet auf den Prinzipien der Nachhaltigkeit, schafft Patagonia nicht nur hochwertige Produkte, sondern definiert auch das Modell der Mode neu, indem umweltbewusste Praktiken in allen Aspekten ihres Geschäfts integriert werden.

Das Engagement von Patagonia für Nachhaltigkeit ist bereits im Designprozess ersichtlich. Das Unternehmen verfolgt einen innovativen Ansatz, indem es recycelte und organische Materialien in seinen Kollektionen verwendet und so die Umweltauswirkungen seiner Kleidung erheblich reduziert. Diese sorgfältige Beachtung der Materialien spiegelt das Bestreben wider, Umweltauswirkungen im Zusammenhang mit der Textilproduktion zu minimieren.

Neben dem materiellen Engagement ist Patagonia ein Vorreiter bei der Initiative zum Recycling von Kleidung. Die "Worn Wear"-Kampagne des Unternehmens ermutigt Verbraucher, die Lebensdauer ihrer Kleidung zu verlängern, fördert die Kultur der Wiederverwendung und reduziert die Notwendigkeit der Entsorgung. Dieser innovative Ansatz unterstreicht die Bedeutung der Kreislaufwirtschaft in der Modebranche.

Transparenz ist ein herausragendes Merkmal von Patagonias Ansatz. Das Unternehmen teilt nicht nur Informationen über die Herkunft seiner Materialien, sondern fordert auch andere Marken heraus, ethischere Praktiken zu übernehmen. Diese Führungsposition zeigt, dass Transparenz nicht nur ein Marketinginstrument ist, sondern ein zentraler Bestandteil ihrer Mission der unternehmerischen Verantwortung.

Patagonia geht über das traditionelle Geschäftsmodell hinaus und zeichnet sich durch sein Engagement für Umwelt- und Sozialanliegen aus. Mit dem Ziel, ein Beispiel dafür zu geben, wie Unternehmen Veränderungen bewirken können, spendet Patagonia einen Prozentsatz seiner Gewinne an Umweltorganisationen und beteiligt sich an Aktivismuskampagnen, um sich als kritische Stimme in Fragen wie Umweltschutz und Klimagerechtigkeit zu positionieren.

Das Unternehmen hinterfragt auch die konventionelle Vorstellung von unbegrenztem Wachstum, indem es die Verbraucher dazu ermutigt, zu überlegen, ob sie wirklich neue Kleidung kaufen müssen. Die "Don't Buy This Jacket"-Kampagne ist ein bemerkenswertes

Beispiel, das die Umweltauswirkungen der übermäßigen Bekleidungsproduktion hervorhebt und zur Reflexion über die tatsächliche Notwendigkeit des Konsums anregt.

Patagonias ganzheitlicher Ansatz gegenüber seinen Mitarbeitern verdient ebenfalls Anerkennung. Das Unternehmen fördert faire Arbeitspraktiken, bietet innovative Leistungen wie bezahlten Elternurlaub und betont die Bedeutung von Work-Life-Balance. Diese Berücksichtigung sozialer Aspekte der Nachhaltigkeit zeigt ein authentisches Engagement für das Wohlbefinden seiner Mitarbeiter.

Die Führungsposition von Patagonia erstreckt sich auf die ständige Suche nach innovativen Lösungen. Durch Investitionen in nachhaltigere Technologien und Prozesse strebt das Unternehmen kontinuierlich an, seine Umweltauswirkungen zu reduzieren und inspiriert andere Marken, ihrem Beispiel zu folgen und ihre eigenen Praktiken zu überdenken.

Indem es einen proaktiven und progressiven Ansatz zur Bewältigung der Umweltprobleme wählt, schafft Patagonia nicht nur Kleidung, sondern spinnt eine Erzählung darüber, wie Unternehmen positive Veränderungen bewirken können. Durch sein Engagement für Nachhaltigkeit und soziale Verantwortung hebt Patagonia hervor, dass es möglich und notwendig ist, die Art und Weise, wie wir Mode konzipieren und praktizieren, zu überdenken und bietet eine inspirierende Vision für die Branche.

Kapitel

S

Sozial - Unternehmenssoziale Verantwortung

Im Kapitel, das dem Sozialen in unserem Buch "Ziel ESG: Auf dem Weg zur unternehmerischen Nachhaltigkeit" gewidmet ist, betreten wir ein entscheidendes und sensibles Gebiet, das über die Grenzen des Gewinns hinausgeht und sich auf die fundamentalen Pfeiler der Menschlichkeit erstreckt. Auf dieser Reise werden wir untersuchen, wie Unternehmen unabhängig von ihrer Größe eine bedeutende Rolle bei der Gestaltung gerechterer, inklusiverer und sozial verantwortungsbewusster Gesellschaften spielen können. Unternehmerische soziale Verantwortung ist nicht nur eine ethische Wahl; sie ist zu einem unverzichtbaren Ziel für Organisationen geworden, die sich einer nachhaltigen Zukunft verschrieben haben.

Dieses Kapitel hat sich zum Ziel gesetzt, die Praktiken und Strategien zu enthüllen, die Unternehmen in Agenten des positiven sozialen Wandels verwandeln. Vom Fördern von Vielfalt und Gleichheit am Arbeitsplatz bis hin zu Initiativen, die sich positiv auf die Gemeinschaften auswirken, in denen sie tätig sind, werden wir untersuchen, wie Unternehmen soziale

Überlegungen in ihre Unternehmens-DNA integrieren können. Schließlich ist die Navigation durch das soziale Gelände nicht nur eine wohlwollende Wahl; es ist ein Kompass, der Organisationen in Richtung eines mitfühlenderen und gerechteren Ziels führt.

Im Verlauf dieses Kapitels werden wir inspirierende Beispiele von Unternehmen erkunden, die nicht nur die sozialen Auswirkungen ihrer Aktivitäten erkennen, sondern auch greifbare Maßnahmen ergreifen, um die Lebensqualität ihrer Mitarbeiter zu verbessern, die Inklusion zu fördern und zur nachhaltigen Entwicklung der Gemeinschaften beizutragen, denen sie dienen. Dies ist eine Einladung, die Gewässer der unternehmerischen sozialen Verantwortung zu erkunden, wo Unternehmen nicht nur finanziell gedeihen, sondern auch eine wesentliche Rolle bei der Gestaltung eines stärkeren und widerstandsfähigeren sozialen Gefüges spielen. Begleiten Sie uns auf dieser Reise durch das Soziale, wo die fundamentalen Werte der Menschlichkeit mit dem unternehmerischen Weg zu einem ESG-Ziel verflochten sind.

Neudefinition der Rolle von Unternehmen: Navigieren im Strom des sozialen Wandels

In der zeitgenössischen Landschaft haben sich die sozialen Erwartungen an Unternehmen deutlich über das traditionelle Paradigma hinaus entwickelt, in dem sie lediglich als Produzenten von Waren und Dienstleistungen betrachtet wurden. Heutzutage werden Organisationen als Protagonisten einer breiteren Erzählung wahrgenommen, nicht nur durch die Produkte, die sie anbieten, sondern zunehmend durch den positiven sozialen Einfluss, den sie in Gemeinschaften und in der Gesellschaft insgesamt erzeugen können.

Der Begriff "corporativismo social" ist zu einem grundlegenden Ausdruck im Dialog über die Rolle von Unternehmen in der Gegenwart geworden. Diese Perspektivenänderung spiegelt ein tieferes und umfassenderes Verständnis wider, dass Organisationen eine entscheidende Rolle im sozialen Gefüge spielen, die über einfache Geschäftstransaktionen hinausgeht. Die Gesellschaft verlangt ein engagierteres und verantwortungsbewussteres Handeln, bei dem der Unternehmenserfolg nicht nur anhand finanzieller Indikatoren gemessen wird, sondern auch anhand des positiven Beitrags zum kollektiven Wohl.

Heute geht die Bewertung eines Unternehmens über die Qualität seiner Produkte oder Dienstleistungen hinaus. Es wird darauf geachtet, wie effektiv es Umweltpraktiken umsetzt, sich für Chancengleichheit am Arbeitsplatz einsetzt, Vielfalt und Inklusion fördert und einen greifbaren Einfluss auf soziale und gemeindliche Fragen hat. Unternehmen werden nicht mehr nur nach dem beurteilt, was sie produzieren, sondern nach dem Erbe, das sie schaffen, und den Werten, die sie verkörpern.

Diese Neudefinition der Unternehmensrolle bedeutet eine grundlegende Veränderung in der Art und Weise, wie Organisationen ihren Zweck verstehen. Die Gewinnmaximierung wird nicht mehr als isoliertes Ziel betrachtet, sondern als integraler Bestandteil einer umfassenderen Mission, die positiv zum gesellschaftlichen Fortschritt und zur Stabilität beiträgt. Unternehmen werden aufgefordert, eine aktive Rolle bei der Bewältigung sozialer Herausforderungen zu spielen, indem sie sich für Anliegen einsetzen, in soziale Initiativen investieren und ethische Praktiken über die bloße Einhaltung von Normen und Vorschriften hinaus annehmen.

Diese neue Herangehensweise spiegelt nicht nur eine Veränderung der externen Erwartungen wider, sondern auch ein internes Verständnis dafür, dass die langfristige Nachhaltigkeit eines Unternehmens intrinsisch mit seiner Fähigkeit verbunden ist, positive und dauerhafte Beziehungen zu seinen Interessengruppen aufzubauen. Die Kundenloyalität, die Anziehung und Bindung von Talenten sowie sogar der Zugang zu Finanzierungen korrelieren zunehmend mit dem sozialen und ökologischen Engagement eines Unternehmens.

Die Navigation in diesen Gewässern des sozialen Wandels ist nicht nur eine strategische Option, sondern eine dringende Notwendigkeit für Unternehmen, die in einer Welt gedeihen wollen, in der soziales Bewusstsein und Unternehmensverantwortung Schlüsselelemente für den Aufbau eines soliden und dauerhaften Rufes sind. Im Laufe dieses Kapitels werden wir beispielhafte Fälle und effektive Strategien erkunden, die zeigen, wie Unternehmen nicht nur auf diese neuen Erwartungen reagieren, sondern aktiv an der Gestaltung eines Schicksals teilnehmen, in dem Unternehmenserfolg und soziales Wohlbefinden untrennbar miteinander verbunden sind.

Erweiterte Verantwortung: Über das Finanzielle hinaus, hin zur sozialen Gerechtigkeit

Mit der Entwicklung der sozialen Erwartungen verstärkt sich der Druck auf Unternehmen, eine erweiterte Verantwortung zu übernehmen, die über die traditionelle Erfolgsmessung rein auf finanzieller Grundlage hinausgeht. Dieses neue Paradigma definiert die Essenz der Unternehmensverantwortung neu, erweitert ihren Umfang, um nicht nur die Gewinnerzielung, sondern auch eine aktive Rolle bei der Gestaltung einer gerechteren, gleichberechtigteren und inklusiveren Welt zu umfassen.

Der soziale Druck wirkt im Wesentlichen als Katalysator für diese Transformation. Unternehmen können nicht länger isoliert agieren und sich ausschließlich auf ihre Geschäftsinteressen konzentrieren. Die Gesellschaft fordert einen bedeutenderen und bewussteren Beitrag, eine Verantwortung, die über die Grenzen der finanziellen Bilanzen hinausgeht. Die Erwartung ist nun, dass Organisationen nicht nur wirtschaftlich erfolgreich sind, sondern auch proaktive Agenten positiven sozialen Wandels werden.

Die erweiterte Verantwortung umfasst ein authentisches Engagement für die Verbesserung sozialer Bedingungen und die Förderung von Gerechtigkeit. Es geht nicht nur darum, nachhaltige Praktiken zu übernehmen oder sporadische philanthropische Aktivitäten durchzuführen; es handelt sich um einen ganzheitlichen Ansatz, der alle Facetten des Geschäfts durchdringt. Dies bedeutet, inklusive Arbeitsumgebungen zu schaffen, Chancengleichheit zu gewährleisten und soziale Fragen anzugehen, die die Gemeinschaften direkt beeinflussen, in denen Unternehmen tätig sind.

Diese Paradigmenänderung ist nicht nur eine Reaktion auf soziale Forderungen. Sie ist ein Verständnis dafür, dass der langfristige Erfolg eines Unternehmens untrennbar mit dem Fortschritt und der Stabilität der Gesellschaft als Ganzes verbunden ist. Die erweiterte Verantwortung erkennt an, dass Unternehmen die Macht und den Einfluss haben, Gemeinschaften positiv zu beeinflussen, und daher die Verpflichtung haben, diesen Einfluss zum Gemeinwohl zu nutzen.

In diesem Zusammenhang wird die Unternehmensverantwortung nicht mehr als eine zusätzliche Aufgabe betrachtet, sondern als integraler Bestandteil der Unternehmensmission. Mit diesem erweiterten Ansatz erfüllen Organisationen nicht nur die Anforderungen der Gegenwart, sondern gestalten auch eine Zukunft, in der Unternehmen nicht nur wirtschaftliche Motoren sind, sondern auch Agenten des sozialen Wandels. Die aktive Beteiligung am Aufbau einer gerechteren und inklusiveren Gesellschaft wird nicht nur zu einer ethischen Wahl, sondern zu einer fundamentalen Strategie für die langfristige Nachhaltigkeit.

Im Verlauf dieses Kapitels werden wir beispielhafte Fälle untersuchen, die zeigen, wie Unternehmen diese erweiterte Verantwortung in ihren täglichen Aktivitäten integrieren. Wir werden greifbare Strategien untersuchen, die über die herkömmlichen Erwartungen hinausgehen und eine Reise markieren, bei der Unternehmen nicht nur den sozialen Anforderungen gerecht werden, sondern über sie hinausgehen und ein Erbe positiven sozialen Einflusses schaffen, das über die Grenzen der Unternehmenswelt hinaus hallt.

Jenseits einer simplen Marketingstrategie: Die Vielfalt als essenzielles Fundament

Die Vielfalt hat sich in ihrer Entwicklung im zeitgenössischen Geschäftsumfeld über die simplistische Kategorisierung als bloße Marketingstrategie hinausentwickelt. Sie hat sich zu einem ethischen und geschäftlichen Imperativ erhoben, der die Grundlagen einer

Unternehmenskultur formt, die nicht nur Vielfalt aufnehmen, sondern auch die Vielzahl von Perspektiven, Erfahrungen und Identitäten feiern möchte. In diesem Kontext sind Gleichberechtigung und Inklusion nicht nur Schlagworte, sondern essenzielle Grundpfeiler für den Aufbau einer robusten und nachhaltigen Unternehmenskultur.

Die Paradigmenänderung in Bezug auf Vielfalt spiegelt nicht nur eine Reaktion auf externe Drucke oder eine Strategie zur Anziehung von Verbrauchern wider, sondern ein tiefgreifendes Verständnis für die intrinsische Bedeutung von Vielfalt im Geschäftsumfeld. Unternehmen stehen nicht nur vor der Herausforderung, visuell diverse Teams zu schaffen, sondern echte inklusive Arbeitsumgebungen zu pflegen, in denen jede Stimme geschätzt, respektiert und gestärkt wird.

Die Vielfalt des Denkens, der Lebenserfahrungen und kulturellen Perspektiven wird nicht mehr als abstrakter Wettbewerbsvorteil betrachtet, sondern als eine vitale Kraft, die Innovation, Kreativität und Problemlösung antreibt. Organisationen erkennen, dass sie durch die Annahme von Vielfalt nicht nur höheren ethischen Standards entsprechen, sondern auch ihren eigenen Kern stärken, indem sie sich in einer Welt ständigen Wandels anpassungsfähiger und agiler machen.

Es ist wichtig zu verstehen, dass Vielfalt keine statische Errungenschaft ist; es handelt sich um ein fortlaufendes Engagement für die Schaffung inklusiver Umgebungen, die Chancengleichheit fördern. Vielfalt geht über die oberflächliche Repräsentation hinaus; es geht darum, die vielfältigen Erfahrungen und Fähigkeiten jedes Einzelnen anzuerkennen und zu schätzen, um eine einzigartige Kultur im Unternehmen zu schaffen.

Im Folgenden werden wir erkunden, wie Unternehmen Vielfalt als integralen Bestandteil ihrer Unternehmensidentität umarmen und verinnerlichen. Wir werden innovative Praktiken, effektive Inklusionsprogramme und die Art und Weise analysieren, wie Unternehmensführer eine Kultur fördern, die über die bloße Akzeptanz von Vielfalt hinausgeht und aktiv die Unterschiede feiert. Dies ist eine Einladung, zu verstehen, dass Vielfalt weit über eine Marketingstrategie hinausgeht und das solide Fundament für eine Unternehmenskultur bildet, die nicht nur überlebt, sondern in der Komplexität der modernen Welt gedeiht.

Die globale Vielfalt reflektieren: Eine Reise über die organisatorischen Grenzen hinaus

In einem Kontext zunehmender globaler Vernetzung ist Vielfalt nicht länger eine einfache Option, sondern eine zwingende Notwendigkeit in den internen Strukturen von Unternehmen. Mehr als eine Frage der sozialen Gerechtigkeit ist die Inklusion zu einem wesentlichen Pfeiler geworden, um das kreative und innovative Potenzial von Teams, die aus vielfältigen Individuen bestehen, zu maximieren. Dies ist ein Aufruf an Unternehmen, in ihren eigenen Dynamiken den Reichtum und die Komplexität der sie umgebenden Welt widerzuspiegeln.

Globale Vielfalt bezieht sich nicht nur darauf, Vertreter verschiedener Nationalitäten zu haben, obwohl dies ein wichtiger Teil ist. Sie spiegelt sich auch in unterschiedlichen Lebenserfahrungen, verschiedenen kulturellen Perspektiven und den vielfältigen Identitäten wider, die das Gewebe eines wirklich globalen Teams ausmachen. In dieser Situation geht Inklusion über eine einfache Personalstrategie hinaus; es ist eine strategische Herangehensweise, um die Komplexität der zeitgenössischen globalen Landschaft zu navigieren.

Indem Unternehmen die globale Vielfalt umarmen, reagieren sie nicht nur auf einen ethischen

Imperativ, sondern bereiten sich auch darauf vor, den Herausforderungen zu begegnen und die Chancen einer zunehmend vernetzten Welt zu nutzen. Teams, die aus einer Vielzahl von Hintergründen bestehen, bieten eine breitere Palette von Perspektiven und fördern so Kreativität und Innovation. Die Lösung für komplexe Probleme entsteht oft aus der Zusammenarbeit von Köpfen, die Herausforderungen aus unterschiedlichen Blickwinkeln angehen.

Jedoch wird globale Vielfalt nicht nur durch die Einstellung von Individuen aus verschiedenen Teilen der Welt erreicht. Es ist ein ständiges Engagement, eine inklusive Kultur zu schaffen, die Unterschiede wertschätzt und respektiert. Dies bedeutet, Arbeitsumgebungen zu fördern, in denen alle Stimmen gehört werden, alle Beiträge geschätzt werden und jeder Einzelne sich als integraler Bestandteil des Ganzen fühlt.

Derzeit erkennen und integrieren Unternehmen aktiv die globale Vielfalt in ihren täglichen Betriebsabläufen. Sie überwinden kulturelle, sprachliche und geografische Barrieren, um wirklich interkulturelle Teams zu schaffen. Wir müssen darüber nachdenken, wie globale Vielfalt nicht nur den Arbeitsplatz bereichert, sondern auch die Widerstandsfähigkeit und Anpassungsfähigkeit von Unternehmen inmitten eines zunehmend vielfältigen und globalisierten Geschäftsumfelds stärkt.

Anziehung von Talenten und Verbrauchern: Die Kraft der Vielfalt als Wettbewerbsvorteil

Das Engagement für Vielfalt ist nicht nur ein ethisches Prinzip; es ist zu einer kraftvollen Geschäftsstrategie geworden, die in der Lage ist, außergewöhnliche Talente anzuziehen und engagierte Verbraucher zu gewinnen. Unternehmen, die Vielfalt fördern, formen nicht nur eine talentiertere Belegschaft, sondern knüpfen auch tiefere Verbindungen zu Verbrauchern, die Marken unterstützen möchten, die Werte von Inklusion und Gleichberechtigung vertreten.

Indem sie Vielfalt als Wettbewerbsvorteil positionieren, signalisieren Unternehmen nicht nur eine Offenheit für Repräsentation, sondern auch ein echtes Engagement für die Förderung von Gleichberechtigung. Dies schafft eine attraktive Arbeitsumgebung für talentierte Fachleute, die nicht nur nach einem Job, sondern nach einer Unternehmenskultur suchen, die ihre einzigartigen Identitäten respektiert und feiert.

Die Anziehung von vielfältigen Talenten ist eine Personalstrategie; es ist auch eine Möglichkeit, das

Unternehmen mit einer breiteren Palette von Fähigkeiten, Erfahrungen und Perspektiven zu bereichern. Vielfältige Teams sind bekannt dafür, innovativer, kreativer und widerstandsfähiger zu sein, was zu umfassenderen Lösungen für geschäftliche Herausforderungen führt.

Darüber hinaus wird die Verbindung zwischen Vielfalt und Verbrauchern immer deutlicher. Moderne Verbraucher achten nicht nur auf die angebotenen Produkte oder Dienstleistungen, sondern auch auf die Werte und Prinzipien, die eine Marke repräsentiert. Unternehmen, die Vielfalt fördern, gewinnen nicht nur die Loyalität von Kunden, die sozialen Anliegen verbunden sind, sondern erweitern auch ihre Verbraucherbasis und erreichen diverse und heterogene Zielgruppen.

Die Vielfalt wird so zu einem Identifikationspunkt für die Verbraucher, der eine tiefere und authentischere Beziehung schafft. Marken, die Vielfalt umarmen, verkaufen nicht nur Produkte; sie erzählen Geschichten von Inklusion, Respekt und Akzeptanz und schaffen eine emotionale Bindung, die über die kommerzielle Transaktion hinausgeht.

Derzeit gibt es Beispiele von Unternehmen, die Vielfalt zu einem Magneten sowohl für Talente als auch für Verbraucher gemacht haben. Mit Rekrutierungsstrategien, wirkungsvollen

Inklusionsprogrammen und Marketingkampagnen, die das Engagement für Vielfalt betonen und die Authentizität dieses Engagements zeigen. Wir müssen verstehen, dass Vielfalt eine moderne Anforderung ist und eine wertvolle Quelle von Stärke und Widerstandsfähigkeit für Unternehmen darstellt, die sich in einem zunehmend vielfältigen und bewussten Markt hervorheben möchten.

Förderung von Innovation: Die transformative Kraft vielfältiger Perspektiven

Innovation gedeiht in Umgebungen, in denen Vielfalt nicht nur anerkannt, sondern als treibende Kraft gefeiert wird. Unternehmen, die inklusive und vielfältige Umgebungen pflegen, spiegeln eine ethische Haltung wider und positionieren sich strategisch, um komplexe Herausforderungen anzugehen und kreative Lösungen zu generieren. Die Vielfalt der Perspektiven ist ein mächtiger Katalysator für Innovation.

Wahre Innovation entsteht nicht aus Homogenität, sondern aus der Kollision und Verschmelzung verschiedener Ideen. Teams, die aus Fachleuten verschiedener Herkunft, Erfahrungen und Ausbildungen bestehen, bieten eine einzigartige Vielfalt von Ansätzen zur Problemlösung. Diese Vielfalt der Perspektiven erweitert das Spektrum der Ideen und fordert den Status quo heraus, indem sie die Suche nach Lösungen außerhalb konventioneller Wege anregt.

Die Einbeziehung verschiedener Standpunkte ist entscheidend, um die vielfältigen Bedürfnisse der Kunden in einer immer heterogeneren Welt zu verstehen. Indem Unternehmen diese vielfältigen Perspektiven in den Innovationsprozess integrieren, haben sie die Fähigkeit, Produkte und Dienstleistungen zu schaffen, die eine breitere Palette von Zielgruppen ansprechen und sich im Wettbewerb des Marktes behaupten.

Zusätzlich fördern inklusive Umgebungen Vertrauen und Kreativität. Mitarbeiter, die sich für ihre Beiträge geschätzt und respektiert fühlen, neigen eher dazu, ihre Ideen zu teilen, innovative Vorschläge zu riskieren und über die Grenzen der Abteilungen hinweg zusammenzuarbeiten. Dies schafft eine Arbeitsdynamik, die kontinuierliche Innovation nährt und eine Kultur des Lernens und der Anpassung fördert.

Vielfalt ist zu einem ethischen Grundpfeiler geworden und vor allem zu einem entscheidenden Motor für unternehmerische Innovation. Progressive Organisationen setzen Strategien um, die die Vielfalt der Perspektiven in einen Wettbewerbsvorteil umwandeln. Wir werden dazu gebracht zu verstehen, dass Innovation nicht nur die Suche nach neuen Technologien ist, sondern vor allem die Suche nach neuen Denk- und Gestaltungsweisen, katalysiert durch den Reichtum, den die Vielfalt der Perspektiven bietet.

Unternehmerische Widerstandsfähigkeit: Die strategische Allianz mit Vielfalt

Die unternehmerische Widerstandsfähigkeit wird zunehmend von der Vielfalt als mächtige strategische Verbündete geformt. Vielfalt wird weit über einen Ausdruck sozialer Verantwortung hinaus zu einer bewussten Strategie, um Unternehmen zu schaffen, die mit Anpassungsfähigkeit und Effektivität Herausforderungen begegnen können. Diversifizierte Teams spiegeln ein ethisches Engagement wider und werden zu entscheidenden Säulen für unternehmerische Widerstandsfähigkeit, die auf die vielfältigen und dynamischen Anforderungen des Marktes effektiver reagieren.

Vielfalt, wenn sie in die Essenz des Unternehmens integriert wird, fördert eine Vielzahl von Perspektiven, die sich direkt in umfassendere Antworten auf unvorhersehbare Herausforderungen übersetzen. In vielfältigen Umgebungen ermöglicht die Vielfalt an Erfahrungen und Fähigkeiten Teams, sich Herausforderungen aus verschiedenen

Blickwinkeln zu stellen, was eine Anpassungsfähigkeit fördert, die zu einem strategischen Vorteil wird.

Diese Widerstandsfähigkeit ist besonders wichtig in einem Geschäftsumfeld, das von schnellen Veränderungen und ständiger Unsicherheit geprägt ist. Vielfältige Teams neigen dazu, außerhalb der gewohnten Bahnen zu denken, innovative Lösungen zu erkunden und sich schnell an Marktransformationen anzupassen. Dies schafft eine Arbeitsdynamik, die nicht nur Herausforderungen überwindet, sondern aus ihnen gestärkt hervorgeht und besser für die Zukunft gerüstet ist.

Widerstandsfähigkeit bedeutet also nicht nur, Hindernisse zu überwinden, sondern sich kontinuierlich anzupassen und weiterzuentwickeln. Unternehmen, die Vielfalt als Grundlage für Widerstandsfähigkeit anerkennen, bewältigen Krisen effizient und gedeihen auch in einer volatilen Geschäftsumgebung, indem sie Chancen nutzen, die sich inmitten der Unsicherheit ergeben.

Wir haben Beispiele von Unternehmen, die Vielfalt in eine grundlegende Strategie für Widerstandsfähigkeit umgewandelt haben. Und wir können sehen, wie die Integration unterschiedlicher Perspektiven diese Organisationen vor Herausforderungen gestärkt hat und sie als führende Akteure in wettbewerbsintensiven und sich ständig verändernden Branchen positioniert hat. Vielfalt, wenn sie in die Unternehmenskultur integriert wird, bereichert die Belegschaft und schafft die notwendige Widerstandsfähigkeit, um einer unvorhersehbaren Geschäftszukunft zu begegnen.

Abschließende Überlegungen

Über die Vielfalt hinaus: Der Weg zu einer inklusiven Gesellschaft

Wenn wir dieses Kapitel über den "Sozialen" Bestandteil des ESG schließen, ist es entscheidend, über die bloße Feier der Vielfalt hinauszugehen und in die transformative Essenz der Inklusion einzutauchen. Vielfalt ist der Ausgangspunkt, aber die wahre Entwicklung findet statt, wenn diese Vielfalt zu einer Kraft wird, die die unternehmerischen Dynamiken und den sozialen Stoff als Ganzes formt.

Inklusion geht über Zahlen und Statistiken zur Repräsentation hinaus. Sie erfordert ein echtes Engagement für Gleichberechtigung, Gerechtigkeit und Respekt. Es bedeutet, Räume zu schaffen, in denen jede Stimme gehört wird, jede Identität geschätzt wird und jeder Einzelne sich als integraler Bestandteil der Gemeinschaft fühlt. Inklusion ist die Grundlage für den Aufbau einer gerechteren und gleichberechtigteren Gesellschaft.

Im Laufe dieses Kapitels haben wir erkundet, wie Vielfalt die Innovation vorantreibt, die unternehmerische Widerstandsfähigkeit stärkt und authentische Verbindungen zu Verbrauchern und Talenten aufbaut. Die wahre Bedeutung der sozialen Reise liegt jedoch in ihrer Fähigkeit, einen dauerhaften Einfluss auf die breiteren Strukturen der Gesellschaft zu haben. Unternehmen sind nicht nur wirtschaftliche Akteure, sondern auch Beeinflusser kultureller und sozialer Narrative.

Die Herausforderung besteht darin, über inklusive Personalpolitiken und Diversitätsprogramme hinauszugehen. Die wahre soziale Revolution findet statt, wenn Unternehmen eine aktive Rolle bei der Beseitigung systemischer Barrieren übernehmen, sich für gleichberechtigte Chancen einsetzen und Werte verteidigen, die über organisatorische Grenzen hinausgehen.

Inklusion ist eine kontinuierliche Reise, eine ständige Suche nach Verbesserung und Bewusstsein. Es ist eine Gelegenheit für Unternehmen, nicht nur den Anforderungen der Gegenwart gerecht zu werden, sondern auch darauf abzuzielen, eine Zukunft zu gestalten, in der Chancengleichheit nicht nur eine Aspiration oder eine Theorie in einem Buch ist, sondern eine Realität, die von allen erlebt wird.

Während wir dieses Kapitel abschließen, laden wir Sie ein, das Verständnis für Inklusion als treibende Kraft für soziale Transformation zu vertiefen. Mögen die hier gelernten Lektionen unternehmerische Handlungen inspirieren und dazu beitragen, eine Gesellschaft aufzubauen, in der Vielfalt gefeiert wird, Inklusion die Norm ist und soziale Gerechtigkeit das gemeinsame Ziel ist.

Die Schließung von Grenzen, wirtschaftlicher Schaden und Abwendung von Vielfalt.

Die Schließung von Grenzen für Einwanderer ist eine Praxis, die, obwohl sie unterschiedliche Motivationen haben kann, oft eine Reihe von wirtschaftlichen Herausforderungen in den Ländern auslöst, die diese Maßnahme ergreifen. Diese Entscheidung, oft durch Bedenken im Zusammenhang mit Beschäftigung und Sicherheit getrieben, kann signifikante und vielschichtige Auswirkungen auf die nationale Wirtschaft haben.

Durch die Schließung der Grenzen für Einwanderer können Länder mit einem Mangel an Arbeitskräften in entscheidenden Sektoren konfrontiert werden. In vielen Nationen spielen Einwanderer eine Schlüsselrolle in Bereichen wie Landwirtschaft, Bauwesen, Gesundheit und Dienstleistungen, indem sie Lücken füllen, die die lokale Bevölkerung möglicherweise nicht bereit oder willens ist zu besetzen. Die Folge dieser Schließung kann ein Mangel an qualifizierten und unqualifizierten Arbeitskräften sein, der sich negativ auf die Produktivität und das Wirtschaftswachstum auswirkt.

Darüber hinaus kann die Schließung der Grenzen die kulturelle Vielfalt und die demografische Dynamik beeinträchtigen, Elemente, die eine entscheidende Rolle bei der Bereicherung von

Gesellschaft und Wirtschaft spielen. Kulturelle Vielfalt führt oft zu unterschiedlichen Perspektiven und innovativen Ansätzen, die Kreativität und Problemlösung fördern, grundlegende Aspekte für die wirtschaftliche Wettbewerbsfähigkeit in einer globalisierten Welt.

Eine weitere wirtschaftliche Herausforderung im Zusammenhang mit der Schließung von Grenzen ist der Einfluss auf Branchen, die auf Einwanderern ausgerichtet sind. Restaurants, ethnische Geschäfte, Gemeindedienste und andere Aktivitäten, die auf der Anwesenheit einer vielfältigen Gemeinschaft beruhen, können erheblich leiden. Dies betrifft nicht nur Immigrantenunternehmer, sondern trägt auch zum Verlust von Arbeitsplätzen für die lokale Bevölkerung in diesen Branchen bei.

Zusätzlich gibt es Auswirkungen auf Geldüberweisungen, eine wichtige Einnahmequelle für viele Entwicklungsländer. Die Schließung der Grenzen kann die Fähigkeit von Einwanderern beeinträchtigen, Geld an ihre Familien in ihren Heimatländern zu senden, was sich direkt auf die wirtschaftliche Stabilität dieser Gemeinschaften auswirkt.

In Bezug auf Innovation und Forschung kann die Schließung der Grenzen auch die Zirkulation internationaler Talente einschränken. Universitäten und Forschungszentren profitieren oft von der

Vielfalt der Perspektiven, die von ausländischen Studenten und Wissenschaftlern eingebracht werden, was zu wissenschaftlichen und technologischen Fortschritten beiträgt, die die wirtschaftliche Entwicklung antreiben.

Die Entscheidung, Grenzen für Einwanderer zu schließen, kann auch diplomatische Spannungen auslösen und Handelsabkommen beeinflussen. Beeinträchtigte internationale Beziehungen können zu Beschränkungen im Handel und wirtschaftlicher Zusammenarbeit führen, was die Wachstumschancen für beide Seiten beeinträchtigt.

Letztendlich geht das wirtschaftliche Problem, das durch die Schließung der Grenzen für Einwanderer entsteht, über die Fragen der unmittelbaren Beschäftigung hinaus. Es betrifft die globale Dynamik der Wirtschaft und beschränkt das Potenzial für Wachstum, Innovation und Zusammenarbeit. Es handelt sich um eine komplexe Frage, die eine sorgfältige Analyse der kurz- und langfristigen Auswirkungen erfordert sowie eine ausgewogene Berücksichtigung der sozialen, wirtschaftlichen und kulturellen Anliegen, die damit verbunden sind.

Das Beispiel von Dallas und sein Racial Equity Plan (REP)

Der Racial Equity Plan der Stadt Dallas, Texas, hebt sich als vorbildliches Modell einer Initiative zur Förderung sozialer Gerechtigkeit und Gleichheit in einem städtischen Kontext hervor. Dieser Plan ist eine proaktive Antwort auf historische Herausforderungen im Zusammenhang mit racialer Ungleichheit und erkennt die Notwendigkeit konkreter Maßnahmen an, um systemische Disparitäten zu überwinden und eine gerechtere Gesellschaft zu fördern.

Ein bemerkenswerter Aspekt des Racial Equity Plans von Dallas ist der umfassende Ansatz, den er in Bezug auf verschiedene Lebensbereiche der Stadt verfolgt. Er beschränkt sich nicht auf spezifische Richtlinien, sondern versucht, verschiedene Aspekte von Bildung und Gesundheitsversorgung bis hin zu wirtschaftlichen Chancen und Strafrecht zu berühren. Diese Breite spiegelt das Verständnis wider, dass Racial Equity keine isolierte Frage ist, sondern ein miteinander verbundenes Netzwerk von Herausforderungen, das ganzheitliche Lösungen erfordert.

Der Plan zeichnet sich auch durch sein Bekenntnis zur Transparenz und Rechenschaftspflicht aus. Indem er messbare Ziele setzt und regelmäßig über seinen Fortschritt berichtet, zeigt die Stadt Dallas einen evidenzbasierten Ansatz zur Bewertung der Auswirkungen implementierter Politiken. Diese Betonung der Rechenschaftspflicht stärkt nicht nur das Vertrauen der Gemeinschaft, sondern bietet auch eine solide Grundlage, um Strategien und Richtlinien anzupassen, wenn sich die Situation entwickelt.

Ein weiterer Schwerpunkt liegt auf der Beteiligung der Gemeinschaft. Der Plan wurde auf der Grundlage bedeutender Beiträge von Gemeindeführern, Aktivisten und lokalen Bürgern entwickelt. Dieser bottom-up-Ansatz gewährleistet, dass die Politik auf die spezifischen Bedürfnisse der betroffenen Bevölkerung reagiert und die vorgeschlagenen Lösungen genauer mit den Realitäten der vielfältigen Gemeinschaften von Dallas übereinstimmen.

Bildung ist einer der zentralen Pfeiler des Racial Equity Plans. Durch gezielte Investitionen zur Verbesserung der Schulqualität in historisch marginalisierten Gemeinden arbeitet die Stadt daran, die Bildungsunterschiede zu beseitigen, die oft Ungleichheiten perpetuieren. Dies kommt nicht nur den gegenwärtigen Generationen zugute, sondern schafft auch einen Weg zu einer zukünftigen, gerechteren und inklusiveren Gesellschaft.

Der Ansatz zur Strafrechtsprechung des Plans verdient ebenfalls Beachtung. Durch Anerkennung und Behebung von Disparitäten in der Rechtsanwendung und im Strafvollzug stellt sich Dallas Fragen, die seit langem unverhältnismäßige Auswirkungen auf farbige Gemeinschaften haben. Initiativen zur Reform des Strafsystems und zur Förderung der Rehabilitation statt Bestrafung veranschaulichen ein Engagement für strukturelle Veränderungen.

Darüber hinaus zeigt der Racial Equity Plan ein Verständnis für die Bedeutung von Vielfalt auf allen Ebenen der Regierung. Initiativen zur Erhöhung der Vertretung historisch unterrepräsentierter Gruppen in öffentlichen Ämtern zeigen ein Verständnis für die Notwendigkeit vielfältiger Stimmen in Entscheidungsprozessen, um inklusivere Politiken zu gewährleisten.

Zusammenfassend dient der Racial Equity Plan der Stadt Dallas, Texas, als Leuchtfeuer der Hoffnung und Inspiration. Er zeigt, dass es selbst vor komplexen und historischen Herausforderungen möglich ist, bedeutende Veränderungen durch öffentliche Politiken herbeizuführen, die umfassend auf Fragen der racialen Gerechtigkeit eingehen. Dieses Beispiel kommt nicht nur der lokalen Gemeinschaft zugute, sondern dient auch als Modell für andere Städte, die ihre eigenen Reisen zu einer gerechteren und inklusiveren Gesellschaft antreten.

Kapitel

G

Governance für Nachhaltigkeit

Im weiten Panorama der unternehmerischen Nachhaltigkeit erhebt sich der Buchstabe "G" in ESG — Governance (Governance) — als der Kompass, der die Richtung von Organisationen auf dem Weg zu einer nachhaltigen Zukunft weist. Dieses Kapitel erforscht das dritte Element von ESG und hebt die kritische Bedeutung effektiver Governance im Kontext unternehmerischer Praktiken hervor und wie sie intrinsisch mit der Suche nach verantwortlichem und ethischem Management verflochten ist.

Governance, oft mit Entscheidungsstrukturen, ethischen Normen und Unternehmensverantwortung verbunden, geht weit über ein einfaches Regelwerk hinaus; sie ist das Fundament, auf dem die Integrität eines Unternehmens ruht. Gute Governance legt nicht nur die strategische Richtung fest, sondern fördert auch eine Unternehmenskultur, die Transparenz, Rechenschaftspflicht und Fairness schätzt.

Wir werden erkunden, wie Corporate Governance über den internen Bereich hinausgeht und Einfluss auf Interaktionen mit externen Stakeholdern ausübt, angefangen bei Aktionären bis hin zur globalen Gemeinschaft. Die Fähigkeit eines Unternehmens, verschiedene Interessen auszubalancieren, Vielfalt in seinen Führungsstrukturen zu fördern und die Einhaltung ethischer Normen sicherzustellen, ist ein entscheidender Indikator für seine effektive Governance.

Im Verlauf dieses Kapitels werden wir innovative Governance-Praktiken aufdecken, die nicht nur regulatorischen Standards entsprechen, sondern diese überschreiten, um soziale und Umweltverantwortung zu übernehmen. Wir werden analysieren, wie Governance das Risikomanagement beeinflusst, langfristige Strategien beeinflusst und zur Schaffung nachhaltigen Werts beiträgt.

Erfolgreiche Governance ist nicht nur ein abzuhakendes Kästchen; es ist eine kontinuierliche Verpflichtung zu Integrität, Ethik und Rechenschaftspflicht. Beim Betreten dieses Kapitels laden wir Sie ein, die transformative Rolle der Governance bei der Schmiede von widerstandsfähigen, ethischen und sozial verantwortlichen Unternehmen zu erkunden. Es ist mehr als ein Regelwerk; es ist die Erzählung, die das Schicksal von Organisationen auf der endlosen Reise zur Nachhaltigkeit formt.

Redefinieren des Vertrauens in Unternehmen: Die entscheidende Rolle von Governance und Ethik in Geschäftsangelegenheiten

In einer Welt, in der Vertrauen ein wertvolles Gut ist, stehen Unternehmen vor der bedeutenden Herausforderung, dieses Vertrauen in einer Geschäftsumgebung zu redefinieren und zu bewahren, die von Skandalen und fragwürdigen Praktiken geprägt ist. Das einmal verlorene Vertrauen wird zu einer empfindlichen und schwer wiederzugewinnenden Ware. Skandale, die unethische Praktiken und schlechte Governance beinhalten, beeinträchtigen nicht nur den Ruf des betroffenen Unternehmens direkt, sondern untergraben auch das Vertrauen in die Geschäftswelt insgesamt.

Der Wiederaufbau dieses abgenutzten Vertrauens erfordert einen proaktiven Ansatz, der über oberflächliche Korrekturen hinausgeht. Hier kommen solide Governance und Geschäftsethik als grundlegende Pfeiler zur Neudefinition des unternehmerischen Vertrauens zum Einsatz. Effektive Governance ist nicht nur eine Frage der Einhaltung von Vorschriften und einer Erklärung zur Transparenz, Rechenschaftspflicht und den ethischen Werten, die das Rückgrat eines Unternehmens bilden.

Bei der Neudefinition des unternehmerischen Vertrauens ist es unerlässlich, dass Organisationen Governance-Praktiken übernehmen, die nicht nur den regulatorischen Erwartungen entsprechen, sondern auch hohe ethische Standards setzen. Geschäftsethik ist keine Option; sie ist ein wesentlicher Bestandteil, der alle Schichten der Unternehmenskultur durchdringt. Sie spiegelt sich in Entscheidungsfindung, Beziehungen zu Stakeholdern, Mitarbeiterbehandlung und Engagement für nachhaltige Praktiken wider.

Governance und Geschäftsethik sollten nicht als Schutzschild gegen zukünftige Skandale betrachtet werden, sondern als Treiber von Innovation und nachhaltigem Wachstum. Unternehmen, die diese Prinzipien verkörpern, positionieren sich als vertrauenswürdige Führer in ihren Branchen. Vertrauen ist ein greifbarer Wettbewerbsvorteil.

Unternehmen, die das unternehmerische Vertrauen neu definiert haben, zeichnen sich nicht nur durch die Einhaltung von Vorschriften aus, sondern auch durch eine proaktive Führung bei der Förderung einer Kultur der Integrität. Es gibt zahlreiche Beispiele von Organisationen, die vergangene Skandale genutzt haben, um bedeutende Veränderungen in ihren Governance- und Ethikpraktiken zu implementieren, das verlorene Vertrauen zurückzugewinnen und eine solide

Grundlage für die Zukunft zu schaffen. Lassen Sie uns also verstehen, wie Governance und Geschäftsethik moralische und strategische Imperative sind, um den Herausforderungen der dynamischen Geschäftswelt zu begegnen und zu gedeihen.

Die Suche nach Transparenz: Auf den Wellen des digitalen Zeitalters navigieren

In der digitalen Ära, geprägt von tiefgreifender Vernetzung und sofortigem Zugang zu Informationen, stellt sich die Transparenz als ein entscheidendes Element in der Schaffung und Aufrechterhaltung von Vertrauen heraus. Das zeitgenössische Geschäftsumfeld erlebt eine wachsende Nachfrage nach Klarheit und Offenheit seitens der modernen Verbraucher und Investoren. Die Suche nach Transparenz geht über die bloße Offenlegung von Daten hinaus; es ist ein Engagement für die vollständige Sichtbarkeit darüber, wie Unternehmen operieren, angefangen bei Entscheidungsprozessen bis hin zu Buchführungspraktiken.

Transparenz ist in diesem Kontext keine Reaktion auf externen Druck, sondern eine proaktive Strategie, um dauerhafte Beziehungen aufzubauen. Verbraucher, die immer bewusster und informierter werden, suchen Unternehmen, die qualitativ hochwertige Produkte oder Dienstleistungen anbieten und ihre Praktiken und Werte offen teilen. Transparenz wird daher zu einer Brücke, um eine tiefere und authentischere Verbindung mit den Stakeholdern herzustellen.

Das digitale Zeitalter hat die sofortige Verbreitung von Informationen ermöglicht und die Verantwortung der Unternehmen erhöht, ein hohes Maß an Transparenz aufrechtzuerhalten. Die schnelle und globalisierte Kommunikation ermöglicht es positiven und negativen Nachrichten, sich innerhalb von Minuten zu verbreiten. Organisationen, die einen transparenten Ansatz verfolgen, entsprechen einer Anforderung der Umgebung und positionieren sich als ethische und vertrauenswürdige Führer.

Transparenz beschränkt sich nicht nur auf die Offenlegung finanzieller Ergebnisse; sie umfasst weitreichendere Aspekte der Corporate Governance, Geschäftsethik sowie Umwelt- und Sozialpraktiken. Unternehmen, die sich zur Transparenz bekennen, werden herausgefordert, Erfolge, Herausforderungen und Strategien zu teilen, um sie zu überwinden. Dieser offene Ansatz schafft einen offenen Dialog, der das Vertrauen stärkt, selbst angesichts von Schwierigkeiten.

Führende Unternehmen suchen und implementieren transparente Praktiken in ihren Operationen. Transparenz wird nicht nur als Antwort auf externe Anforderungen betrachtet, sondern als strategisches Instrument zur Verbesserung des Rufs, zur Anziehung verantwortungsbewusster Investitionen und zur Pflege einer soliden Basis treuer Verbraucher. Lassen Sie uns also verstehen, wie in der digitalen Ära Transparenz eine lebenswichtige Notwendigkeit für Unternehmen ist, die in einer zunehmend bewussten und vernetzten Geschäftswelt gedeihen wollen.

Strategische Entscheidungsfindung: Die vitale Bedeutung effektiver Governance

In der komplexen Welt des Geschäftslebens entwickelt sich die strategische Entscheidungsfindung zu einem Schlachtfeld, auf dem Erfolg oder Misserfolg geformt werden. In dieser dynamischen Umgebung ist effektive Governance ein wesentlicher Bestandteil, der als Kompass dient, um die entscheidenden Auswahlmöglichkeiten zu lenken, die das Schicksal eines Unternehmens bestimmen werden. Unternehmen mit soliden Governance-Strukturen erfüllen regulatorische Normen und zeichnen sich durch die Fähigkeit aus, den dynamischen

Herausforderungen des Geschäftsumfelds zu begegnen, indem sie Entscheidungen treffen, die über die Aktionäre hinaus allen Interessengruppen zugutekommen.

Effektive Governance fungiert als Hüter der Integrität bei strategischen Entscheidungen, fördert Transparenz und Verantwortung. Sie schafft ein System von Kontrollen und Ausgleichen, das sicherstellt, dass Entscheidungen nicht nur von individuellen Interessen beeinflusst werden, sondern immer im Einklang mit der Langzeitvision und den grundlegenden Werten des Unternehmens stehen. Eine solide Governance impliziert eine klare Verteilung von Rollen und Verantwortlichkeiten, um sicherzustellen, dass Entscheidungen informiert, ethisch und nachhaltig sind.

Die Fähigkeit eines Unternehmens, fundierte strategische Entscheidungen zu treffen, hängt oft von der Effektivität seiner Governance-Strukturen ab. Ausgewogene Verwaltungsräte mit einer vielfältigen Kombination von Erfahrung und Perspektiven spielen dabei eine entscheidende Rolle. Die Vielfalt von Stimmen und Erfahrungen bereichert den Entscheidungsprozess und reduziert die Wahrscheinlichkeit von voreingenommenen und kurzsichtigen Entscheidungen.

Effektive Governance ist auch intrinsisch mit dem Risikomanagement verbunden. Unternehmen, die einen proaktiven Ansatz zur Bewertung und Bewältigung von Risiken verfolgen, sind besser vorbereitet, informierte Entscheidungen inmitten von Unsicherheiten zu treffen. Dadurch schützen sie das Unternehmen vor potenziellen Krisen und ermöglichen es ihm, sich strategisch zu positionieren, um aufkommende Chancen zu nutzen.

Führende Unternehmen integrieren Governance in ihre strategische Entscheidungsfindung. Auf agile und reaktive Weise schützen sie sich vor Bedrohungen und befähigen sich, schnell auf Marktveränderungen zu reagieren. Damit wird klargestellt, dass Governance kein Hindernis für Agilität ist, sondern ein wesentlicher Katalysator, der die Entscheidungen antreibt, die den langfristigen Erfolg definieren.

Transparenz und Rechenschaftspflicht: Grundpfeiler verantwortungsbewusster Unternehmensführung

Transparenz ist weit mehr als eine formelle Angelegenheit oder eine Reaktion auf öffentlichen Druck; sie erweist sich als Leitstern, der die Wege von Verantwortung und Rechenschaftspflicht in unternehmerischen Praktiken erleuchtet. Unternehmen, die einen transparenten Ansatz in ihrer Governance verfolgen, erfüllen nicht nur Vorschriften und Normen, sondern setzen auch die Fahne der Verantwortung hoch, indem sie robuste Beziehungen zu Kunden, Mitarbeitern und Investoren aufbauen.

Transparenz in diesem Kontext geht über die Offenlegung von Informationen hinaus; es ist eine kühne Erklärung zur Rechenschaftspflicht, zur Berichterstattung über die Handlungen und Entscheidungen des Unternehmens. Indem sie die Vorhänge über ihre Operationen öffnen, zeigen Unternehmen ein Engagement für ethisches, verantwortungsbewusstes und nachhaltiges Handeln. Dies baut Vertrauen auf und schafft einen fruchtbaren Boden für die Rechenschaftspflicht, bei der das Unternehmen nicht nur gegenüber Regulierungsbehörden, sondern gegenüber allen Interessengruppen verantwortlich ist.

Rechenschaftspflicht im Kontext der Unternehmensführung bezieht sich auf die Verpflichtung eines Unternehmens, für seine Handlungen und Entscheidungen Rechenschaft abzulegen. Transparenz ist das Werkzeug, das diese Rechenschaftspflicht möglich und greifbar macht. Unternehmen, die Transparenz praktizieren, können offene Fragen und Kritik auf offene Weise beantworten, was das Vertrauen in ihre Führung stärkt und Raum für kontinuierliche Verbesserungen schafft.

Diese transparente Herangehensweise ist nicht nur aus moralischer Sicht vorteilhaft; sie hat greifbare Auswirkungen auf Geschäftsbeziehungen. Kunden, die zunehmend bewusster und informierter werden, schätzen Unternehmen, die nicht nur Produkte oder Dienstleistungen liefern, sondern auch ihre Werte und Praktiken teilen. Transparenz wird so zu einem Wettbewerbsvorteil, der Verbraucher anzieht, die Marken suchen, die mit ethischen und nachhaltigen Prinzipien übereinstimmen.

Transparenz spielt auch eine bedeutende Rolle bei der Anziehung und Bindung von Talenten. Mitarbeiter möchten in Organisationen arbeiten, deren Werte mit ihren eigenen übereinstimmen. Transparente Unternehmen kommunizieren ihre Werte und zeigen, wie sie diese Werte in konkrete Maßnahmen umsetzen. Dies schafft eine Arbeitsumgebung, die Vertrauen, Engagement und ein Gefühl von Zweckmäßigkeit fördert.

Transparenz und Rechenschaftspflicht sind in der effektiven Praxis der Unternehmensführung miteinander verflochten. Unternehmen, die Informationen veröffentlichen und Transparenz als ein grundlegendes Prinzip in ihren täglichen Operationen verstehen, sehen dies als eine

Gelegenheit, solide Grundlagen des Vertrauens und der Verantwortung auf ihrem Weg zur Nachhaltigkeit zu schaffen.

Ethikkultur: Die tiefe Wurzel unternehmerischer Integrität

Auf dem Weg zur Nachhaltigkeit und Verantwortung ist die Ethik im Geschäftsbereich nicht einfach eine Formalität, die erfüllt werden muss; sie ist eine Kultur, die gepflegt werden muss, ein Samen, der tief in den fruchtbaren Boden der organisatorischen Mentalität gepflanzt wird. Ethikunternehmen überschreiten Verpflichtungen und fördern eine Denkweise, die Integrität, Verantwortung und Transparenz auf allen Ebenen schätzt.

Die Ethikkultur geht über Verhaltensrichtlinien und Ethikkodizes hinaus; sie ist ein Teil des Gewebes der Organisation, beeinflusst, wie Mitarbeiter denken, entscheiden und handeln. Sie beginnt oben, bei Führungskräften, die nicht nur ethische Prinzipien verkünden, sondern sie in ihrem täglichen Verhalten leben. Eine ethische Führung dient als Leuchtturm, der den Weg für eine Kultur beleuchtet, die Ehrlichkeit, Gerechtigkeit und Verantwortung schätzt.

In ethischen Unternehmen ist Integrität nicht verhandelbar. Sie ist ein integraler Bestandteil des täglichen Betriebs und der Beziehungen zu allen Interessengruppen. Diese Organisationen sehen Ethik nicht als Hindernis für geschäftliche Ziele, sondern als Katalysator für nachhaltigen langfristigen Erfolg. Sie erkennen an, dass in einer zunehmend vernetzten Welt der ethische Ruf ein wertvolles Gut ist, das Kundenloyalität fördert, Talente anzieht und starke Geschäftsbeziehungen aufbaut.

Eine Ethikkultur zeigt sich auch darin, wie Unternehmen mit Herausforderungen und Krisen umgehen. Anstatt unethische Abkürzungen zu suchen, um Hindernisse zu überwinden, gehen ethische Unternehmen Adversitäten mit einer transparenten und verantwortungsbewussten Herangehensweise an. Diese Haltung bewahrt das Vertrauen und stärkt die Bindungen zu den Interessengruppen, die Ehrlichkeit in schwierigen Zeiten schätzen.

Führende Unternehmen formulieren ethische Richtlinien und leben sie täglich, indem sie Ethik in die Entscheidungsfindung, das Personalmanagement und die Beziehung zu Kunden und Partnern integrieren. Die Ethikkultur reagiert auf Herausforderungen und wird zu einem Wettbewerbsvorteil und dauerhaften

Unterscheidungsmerkmal. Ethik im Geschäft ist nicht nur eine moralische Wahl, sondern eine vitale Strategie, um widerstandsfähige und sozial verantwortliche Organisationen aufzubauen.

Über den finanziellen Ergebnissen hinausgehende Auswirkungen: Die unschätzbaren Dividenden der Geschäftsethik

Geschäftsethik geht über die bloße Umsetzung von Strategien zur Vermeidung von Skandalen und rechtlichen Sanktionen hinaus. Sie ist eine treibende Kraft hinter einer positiven Wirkung, die weit über die Zahlen in den Finanzberichten hinausgeht. Eine ethische Kultur schützt die Integrität des Unternehmens und formt eine Umgebung, die die Zufriedenheit der Mitarbeiter, die Kundenloyalität und die positive Wahrnehmung der Marke beeinflusst.

In ethischen Unternehmen sehen Mitarbeiter die Ethik nicht als aufgezwungene Formalität, sondern als eine geteilte Verpflichtung. Eine ethische Kultur fördert eine Arbeitsumgebung, in der grundlegende Werte respektiert werden, und fördert ein Gefühl von Zweck und Stolz unter den Mitarbeitern. Dies verbessert die Mitarbeiterbindung und trägt zur Anziehung und

Bindung von Talenten bei, indem engagierte und motivierte Teams geschaffen werden.

Die Kundenloyalität in einer Welt, in der die Auswahl überreichlich ist, wird oft durch mehr als nur qualitativ hochwertige Produkte oder Dienstleistungen gewonnen. Unternehmen, die eine starke Geschäftsethik demonstrieren, gewinnen das Vertrauen ihrer Kunden. Transparenz, soziale Verantwortung und ethische Geschäftspraktiken ziehen bewusste Verbraucher an und binden sie, indem sie eine Basis treuer Kunden schaffen, die das Unternehmen als mehr als nur eine geschäftliche Entität sehen, sondern als einen Partner, der sich zu gemeinsamen Werten verpflichtet fühlt.

Die Markenwahrnehmung wird durch die Art und Weise geformt, wie sich ein Unternehmen in der Welt positioniert, und die Geschäftsethik spielt dabei eine entscheidende Rolle. Ethische Unternehmen gewinnen den Respekt der Gemeinschaft und der Gesellschaft im Allgemeinen. Diese positive Wahrnehmung übersetzt sich in Markenkapital und schafft einen immateriellen Vermögenswert, der oft den Wert der finanziellen Ergebnisse übertrifft.

Darüber hinaus sind ethische Unternehmen besser auf die Herausforderungen des sich ständig verändernden Geschäftsumfelds vorbereitet. Die in die Organisationskultur eingebettete Integrität und Verantwortung sind nicht nur Werte in guten Zeiten, sondern zeigen sich in schwierigen Entscheidungen und in Krisenzeiten. Dies bewahrt den Ruf und stärkt die Widerstandsfähigkeit des Unternehmens gegenüber den turbulenten Marktbedingungen.

Führende Unternehmen gehen über die finanziellen Ergebnisse hinaus, indem sie die Geschäftsethik in ihre Kultur integrieren. Sie zeigen, wie Ethik zu einem Motor für nachhaltigen Erfolg wird und eine positive Wirkung auf Mitarbeiter, Kunden und die Gemeinschaft im Allgemeinen hat. Geschäftsethik ist nicht nur eine moralische Verpflichtung, sondern eine wesentliche Strategie, um Organisationen zu schaffen, die über finanzielle Metriken hinaus florieren.

Abschließende Überlegungen

Jenseits der Governance - Eine Einladung zur ethischen Transformation

Während wir die Feinheiten der Unternehmensführung und Geschäftsethik erkunden, ist es entscheidend, die traditionelle Sichtweise dieser Konzepte als bloße Firmenformalitäten zu überwinden. Effektive

Governance und Geschäftsethik sollten nicht als anzuhakende Kästchen auf einer Compliance-Liste betrachtet werden, sondern als das Rückgrat einer tiefgreifenden und dauerhaften Transformation.

Eine solide Governance ist das Gerüst, das ein Unternehmen auf seiner Reise stützt, Stabilität und Ausrichtung bietet. Wenn sie jedoch mit Ethik verbunden wird, wird diese Struktur zu einer treibenden Kraft positiver Veränderung. Die Ethikkultur ist eine tiefe Wurzel, die eine organisatorische Mentalität nährt, die sich der Integrität, Verantwortung und Transparenz verpflichtet fühlt.

Geschäftsführung und Geschäftsethik beschränken sich nicht darauf, Skandale zu vermeiden und die gesetzlichen Bestimmungen zu erfüllen; sie generieren einen unschätzbaren Einfluss, der über die finanziellen Ergebnisse hinausgeht. Mitarbeiter, die einen Zweck in einer ethischen Kultur finden, erfüllen nicht nur ihre Aufgaben, sondern tragen wesentlich zu den Zielen des Unternehmens bei. Kunden, die auf die Ethik eines Unternehmens vertrauen, tätigen nicht nur Einkäufe, sondern werden zu loyalen Botschaftern.

Die ethische Transformation ist keine einfache Reise, sondern eine wesentliche. Sie erfordert Engagement von den höchsten Führungsebenen bis zu jedem Mitarbeiter in allen Abteilungen. Es ist ein kontinuierlicher Prozess der Bewertung, des Lernens und der Anpassung. Die Dividenden dieser Transformation sind jedoch unschätzbar - ein widerstandsfähiges, nachhaltiges und sozial verantwortliches Unternehmen.

Daher lade ich Sie ein, während wir dieses Kapitel über Geschäftsführung und Geschäftsethik abschließen, nicht nur die Richtlinien und Vorschriften, sondern die transformierende Essenz dieser Prinzipien in Betracht zu ziehen. Lassen Sie uns darüber nachdenken, wie Governance und Ethik das finanzielle Schicksal eines Unternehmens formen können und gleichzeitig ihre dauerhafte Wirkung auf die Gesellschaft und die Welt, in der wir leben, betrachten. Lassen Sie uns Governance und Ethik als grundlegende Compliance-Tools für eine Geschäftsreise betrachten, die über finanziellen Erfolg hinausgeht und einen Weg zu Integrität und positivem Einfluss sucht.

Der ethische Zusammenbruch

Der Fall Lehman Brothers und der Schatten der maßlosen Gier

Der Zusammenbruch von Lehman Brothers im Jahr 2008 bleibt eine dauerhafte Narbe im Gewebe des globalen Finanzsystems und dient als bezeichnender Fall für schlechte Unternehmensführung und unehrliche Geschäftspraktiken. Die einstige Finanzmacht erlag ihrem eigenen Netzwerk aus unüberlegten Krediten und irreführenden Strategien, was eine Welle von Konsequenzen auslöste, die weltweit widerhallten.

Über viele Jahre hinweg spielte Lehman Brothers eine zentrale Rolle bei der Vergabe von Krediten für den Immobiliensektor und stellte erhebliche Kapitalmengen für Personen bereit, die Eigentum erwerben wollten. Dieser scheinbare Erfolg basierte jedoch auf riskanten Kreditpraktiken, da die Bank erhebliche Beträge ohne sorgfältige Bewertung der Fähigkeit der Kreditnehmer vergab, ihre Schulden zu begleichen.

Die ethische Schwäche von Lehman Brothers wurde offensichtlich, als die Krise der Hypotheken mit schlechter Bonität ihren Höhepunkt erreichte. Die ausstehenden Kredite der Bank überstiegen ihr verfügbares Kapital und brachten sie in eine gefährliche Insolvenzposition, falls der

Immobilienmarkt einen Rückgang verzeichnen würde, wie es unweigerlich geschah. Anstatt der Realität ins Auge zu sehen und verantwortungsbewusste Lösungen zu suchen, wählte Lehman Brothers einen undurchsichtigen Weg.

Um die kritische Situation zu vertuschen, griff die Bank auf Rückkaufvereinbarungen zurück. Diese Manöver beinhalteten den Verkauf ihrer Verbindlichkeiten an auf den Kaimaninseln ansässige Banken mit der Zusage, sie später zurückzukaufen. Im Wesentlichen übertrug Lehman Brothers die Last seiner "riskanten" Vermögenswerte, um die wahre Ausdehnung seiner Exposition zu verbergen. Diese Praxis, obwohl rechtlich fragwürdig, verdeutlicht einen klaren Mangel an Ethik und Transparenz.

Der Fall Lehman Brothers unterstreicht die maßlose Gier und die rücksichtslose Suche nach kurzfristigen Gewinnen, zum Nachteil der langfristigen Stabilität. Das Fehlen einer ethischen Kultur und verantwortungsbewusster Unternehmensführung ermöglichte es der Bank, sich auf riskante Finanzpraktiken einzulassen, indem sie Warnungen ignorierte und die ethischen Auswirkungen ihrer Handlungen missachtete.

Die Auswirkungen des Zusammenbruchs von Lehman Brothers waren verheerend. Neben erheblichen finanziellen Verlusten löste das Ereignis eine weltweite Finanzkrise aus, die Millionen von Menschen weltweit betraf und zu Massenarbeitslosigkeit, Wohnungsverlusten und tiefem Misstrauen gegenüber Finanzinstitutionen führte.

Der Fall Lehman Brothers dient als düsteres Erinnerungszeichen dafür, wie das Fehlen von Ethik und mangelnde Governance in einer Finanzinstitution systemische Auswirkungen haben kann. Er unterstreicht die dringende Notwendigkeit, dass Unternehmen ethische Praktiken, Transparenz und verantwortungsbewusste Unternehmensführung übernehmen, um nicht nur ihren eigenen Untergang zu verhindern, sondern auch die Stabilität und das Vertrauen im globalen Finanzsystem zu bewahren.

PUMA

Das Paradigma für verantwortungsbewusste und nachhaltige Unternehmensführung

In der Unternehmenswelt, wo der Streben nach Gewinnen oft ethischen und nachhaltigen Überlegungen zu überwiegen scheint, erhebt sich PUMA als ein paradigmatisches Beispiel für verantwortungsbewusste Unternehmensführung. Das Unternehmen, bekannt im Bereich Sportbekleidung, führt nicht nur in Innovation und Design, sondern setzt auch einen hohen Standard in Bezug auf Integrität, Transparenz und soziale Verantwortung.

Transparenz als Grundprinzip: PUMA verfolgt einen transparenten Ansatz in seinen Operationen und liefert detaillierte Informationen über seine Praktiken und Auswirkungen. Jahresberichte und transparente Offenlegungen heben nicht nur Erfolge, sondern auch Herausforderungen hervor, was ein Engagement für Rechenschaftspflicht zeigt.

Verpflichtung zur Nachhaltigkeit: PUMA zeichnet sich durch die Integration von Nachhaltigkeit in seine Geschäftsstrategie aus. Vom Lieferkettenmanagement bis zum Produktdesign bemüht sich das Unternehmen, seine Umweltauswirkungen zu reduzieren, indem es umweltfreundliche Praktiken und nachhaltige Innovationen fördert.

Einbeziehung der Stakeholder: Die verantwortungsbewusste Unternehmensführung von PUMA beschränkt sich nicht nur auf den Verwaltungsrat, sondern erstreckt sich auf alle Interessenvertreter. Das Unternehmen fördert einen offenen Dialog mit Mitarbeitern, Kunden, Aktionären und lokalen Gemeinschaften, um sicherzustellen, dass seine Maßnahmen die vielfältigen Perspektiven berücksichtigen.

Vielfalt und Inklusion als Säule: PUMA erkennt die Bedeutung von Vielfalt und Inklusion an. Seine Belegschaft spiegelt eine Vielzahl von Hintergründen und Perspektiven wider, was ein Umfeld schafft, das die Vielfalt als eine vitale Ressource für Innovation und nachhaltiges Wachstum feiert.

Ethik in der Lieferkette: Das Unternehmen zeichnet sich durch sein Engagement für Ethik in der gesamten Lieferkette aus. Es unternimmt kontinuierliche Anstrengungen, um sicherzustellen, dass Arbeiter in allen Produktionsphasen fair behandelt werden, angemessene Löhne erhalten und unter sicheren Bedingungen arbeiten.

Innovation für eine nachhaltige Zukunft: PUMA reagiert nicht nur auf die aktuellen Erwartungen, sondern antizipiert auch die zukünftigen, indem es Innovation in seine Vision einer nachhaltigen Zukunft integriert. Von umweltfreundlichen Materialien bis hin zu Designs, die Langlebigkeit fördern, strebt das Unternehmen danach, die Branche in Richtung nachhaltigerer Praktiken zu führen.

Soziale Verantwortung und Philanthropie: Neben seinen geschäftlichen Aktivitäten übernimmt PUMA eine Position sozialer Verantwortung und engagiert sich in philanthropischen Initiativen, die darauf abzielen, Gemeinschaften und die Welt im Allgemeinen zu verbessern. Dies geht über die bloße Erfüllung von Verpflichtungen hinaus und zeigt ein echtes Engagement für das soziale Wohlbefinden.

Engagierte und vorbildliche Führung: Die Führung von PUMA spielt eine entscheidende Rolle bei der Förderung einer Kultur verantwortungsbewusster Unternehmensführung. Engagierte Führungskräfte demonstrieren ethische Werte, treiben nachhaltige Initiativen voran und inspirieren die gesamte Organisation dazu, Praktiken zu übernehmen, die mit der Unternehmensverantwortung in Einklang stehen.

Anpassung an den Klimawandel: Indem es die globalen Herausforderungen des Klimawandels anerkennt, passt PUMA seine Operationen an und setzt sich für umfassendere Maßnahmen zur Bewältigung dieses Problems ein. Diese proaktive Haltung zeigt ein Engagement für langfristige Nachhaltigkeit.

Kontinuierliches Engagement für Verbesserung: Die vorbildliche Unternehmensführung von PUMA ist nicht statisch; es handelt sich um ein kontinuierliches Engagement für Verbesserung. Das Unternehmen überprüft regelmäßig seine Praktiken, passt Strategien bei Bedarf an und bleibt offen für Veränderungen im globalen Umfeld.

Zusammenfassend ist PUMA ein führendes Unternehmen in der Sportbekleidungsbranche und gleichzeitig ein Leuchtturm für verantwortungsbewusste Unternehmensführung. Indem es zeigt, dass geschäftlicher Erfolg harmonisch mit Ethik, Transparenz und Nachhaltigkeit existieren kann, definiert PUMA den Standard dafür, was im Unternehmensbereich möglich ist, wenn ethische Werte im Zentrum der Unternehmensführung stehen.

Fazit

Auf dem Weg zu einer nachhaltigen Zukunft

Während wir unsere Reise durch die Seiten von "ESG-Destination: Auf dem Weg zu nachhaltigem Unternehmertum" abschließen, ist es unmöglich zu übersehen, welche Transformation wir nicht nur in den Geschäftspraktiken, sondern in der Essenz der Unternehmenswelt selbst erlebt haben. Dieses Buch war eine tiefgehende Erkundung der Komplexitäten und Versprechungen von ESG - Umwelt, Soziales und Governance - und zeigte einen klaren Weg auf, wie Unternehmen jeder Größe zu Agenten positiver Veränderungen werden können.

Im Umweltkapitel haben wir die zeitgenössischen Herausforderungen unseres Planeten und die innovativen Strategien, die von bewussten Unternehmen angenommen wurden, erkundet. Von Klimaherausforderungen bis hin zu nachhaltigen Praktiken erkennen Organisationen nun, dass Umweltschutz nicht nur eine ethische Wahl ist, sondern eine lebenswichtige Notwendigkeit für langfristigen Wohlstand.

Im zweiten Teil tauchten wir in die Komplexitäten der unternehmerischen sozialen Verantwortung ein. Vielfalt, Inklusion, erweiterte Verantwortung und unternehmerische Resilienz waren die Pfeiler, die unsere Reflexionen trugen. Unternehmen, die Vielfalt fördern, ziehen nicht nur Talente an, sondern schaffen auch innovative und widerstandsfähige Umgebungen.

Schließlich haben wir in der dritten Phase die Gewässer von Unternehmensführung und Ethik erforscht. Exemplarische Unternehmen wie PUMA sind zu Leuchttürmen dafür geworden, wie Transparenz, Ethik und Verantwortung nachhaltigen Erfolg vorantreiben können. Wir haben Fälle schlechter Unternehmensführung wie den Zusammenbruch von Lehman Brothers untersucht, die lebendige Erinnerungen an die Gefahren sind, sich von diesen grundlegenden Prinzipien zu entfernen.

"ESG-Destination" ist nicht nur ein Buch; es ist ein Kompass, der auf ein gemeinsames Ziel zeigt - eine Zukunft, in der Unternehmen nicht nur profitabel sind, sondern auch aktive Gestalter einer nachhaltigeren und gerechteren Welt. In jedem Kapitel betonen wir die Bedeutung, nicht nur die Vorschriften zu erfüllen, sondern auch die intrinsische Verantwortung zu übernehmen, ein integraler Bestandteil einer global vernetzten Gesellschaft zu sein.

Unsere Reise war voller Herausforderungen, aber auch voller Möglichkeiten zur Transformation. Unternehmen, die sich den Herausforderungen des

Klimawandels stellen, Vielfalt fördern, Transparenz fördern und ethische Praktiken übernehmen, überleben nicht nur - sie gedeihen. Sie werden zu Katalysatoren für eine breitere Bewegung hin zu einem unternehmerischen Denken, das über den sofortigen Gewinn hinausgeht, zugunsten einer dauerhaften Wirkung.

Beim Schließen dieses Buches rufen wir zum Handeln auf. Jede Seite, die wir umblättern, jedes Konzept, das wir erkunden, ist eine Einladung an Unternehmen aller Art und Branchen, die ESG-Reise anzunehmen. Das Ziel der nachhaltigen Unternehmensführung liegt in Reichweite, und es ist an der Zeit, die Segel in Richtung einer Zukunft zu setzen, in der Unternehmen nicht nur wirtschaftliche Ziele sind, sondern Ziele positiver Wirkung.

Das ESG-Ziel entfaltet sich vor uns, und die Entscheidungen, die wir heute treffen, werden den Verlauf der Geschäfte von morgen gestalten. Wenn wir uns verabschieden, halten wir die Vision einer Zukunft aufrecht, in der Unternehmen nicht nur wirtschaftliche Akteure sind, sondern auch Kräfte, die eine nachhaltigere, sozial gerechtere und ethisch verantwortungsbewusstere Welt fördern. Dies ist unser gemeinsames Ziel. Möge jedes Unternehmen, groß oder klein, die Herausforderung annehmen, den Weg der nachhaltigen Unternehmensführung zu verfolgen - denn die ESG-Zukunft ist jetzt und ein Ziel, das es wert ist, erreicht zu werden.

Glossar

• **ESG:** Umwelt, Soziales und Governance - ein Satz von Kriterien, den Unternehmen anwenden, um ihre Auswirkungen auf die Umwelt, soziale Belange und ihre Governance-Praktiken zu bewerten.

• **CSR:** Corporate Social Responsibility - Unternehmerische Sozialverantwortung - ein Ansatz, bei dem Unternehmen soziale und Umweltbelange in ihre Operationen und Interaktionen mit Stakeholdern integrieren.

• **SRI:** Socially Responsible Investments - Sozial verantwortliche Investitionen - Anlagestrategien, die nicht nur finanzielle Renditen, sondern auch soziale und Umweltauswirkungen berücksichtigen.

• **Fast Fashion:** Ein Geschäftsmodell in der Modeindustrie, das die schnelle und erschwingliche Produktion von Kleidung beinhaltet, oft mit negativen Umweltauswirkungen und schlechten Arbeitsbedingungen.

• **Governance:** Praktiken und Strukturen, die das Verhalten von Unternehmen steuern, kontrollieren und Leitlinien für ihr Verhalten festlegen.

• **Diversität und Inklusion:** Förderung und Wertschätzung der Vielfalt von Hintergründen,

Erfahrungen und Perspektiven, um eine inklusive Umgebung zu gewährleisten.

• **Transparenz:** Offenlegung von Informationen, um Offenheit und Vertrauen zu fördern.

• **Unternehmerische Resilienz:** Die Fähigkeit eines Unternehmens, sich an Herausforderungen und Krisen anzupassen und sich zu erholen, dabei seine Integrität und Operationen aufrechtzuerhalten.

• **Ethik in der Unternehmensführung:** Praktiken und Normen, die sicherstellen, dass Unternehmen in allen Bereichen ihrer Tätigkeit ethisch handeln.

• **Lieferkette:** Ein Netzwerk von Organisationen und Aktivitäten, das an der Schaffung und Lieferung eines Produkts oder Dienstleistung beteiligt ist.

• **Erweiterte Verantwortung:** Erweiterung des Verantwortungsbereichs von Unternehmen, einschließlich sozialer und Umweltbelange.

• **Nachhaltige Innovation:** Entwicklung neuer Produkte, Dienstleistungen oder Prozesse, die die Bedürfnisse der Gegenwart ohne Beeinträchtigung der künftigen Generationen erfüllen.

- **Unternehmenskultur:** Ein Satz von Werten, Überzeugungen und Verhaltensweisen, die die Identität einer Organisation bilden.

- **Klimawandel:** Langfristige Veränderungen in globalen Klimamustern, oft im Zusammenhang mit menschlichen Aktivitäten.

- **Rückkaufsvereinbarungen:** Finanztransaktionen, bei denen ein Unternehmen Vermögenswerte verkauft, mit der Verpflichtung, sie zu einem späteren Zeitpunkt zurückzukaufen.

- **Schlechte Unternehmensführung:** Managementpraktiken und Entscheidungen, die die Integrität und Leistung eines Unternehmens beeinträchtigen.

- **Unternehmensnachhaltigkeit:** Integration nachhaltiger Praktiken in die Operationen und Strategien eines Unternehmens.

- **Unternehmerische Philanthropie:** Finanzielle und ressourcenbezogene Beiträge zu sozialen und Umweltursachen seitens der Unternehmen.

- **Gutes Beispiel in der Unternehmensführung:** Bezugnahme auf Unternehmen, die ethische, transparente und verantwortungsbewusste Praktiken in ihrer Führung und Operationen übernehmen.

• **Schlechtes Beispiel in der Unternehmensführung:** Bezugnahme auf Unternehmen, die durch unethische Praktiken zu finanziellen Krisen und Vertrauensverlust der Öffentlichkeit beitragen.

• **Umweltauswirkungen:** Auswirkungen der Aktivitäten eines Unternehmens auf die Umwelt, einschließlich Kohlenstoffemissionen, Ressourcenverbrauch und Umweltverschmutzung.

Epilog

ESG in der Praxis umsetzen

Mit dem Abschluss unserer Reise durch "ESG-Destination: Auf dem Weg zu nachhaltigem Unternehmertum" liegt die Herausforderung nun in der praktischen Umsetzung der behandelten Konzepte. ESG ist nicht nur eine Sammlung theoretischer Prinzipien; es ist ein Kompass, der Unternehmen in Richtung einer nachhaltigeren, sozial verantwortlichen und ethisch fundierten Zukunft lenkt. Hier sind einige praktische Übungen, die bei der effektiven Umsetzung von ESG in Unternehmen und Organisationen helfen können:

1. **Bewertung des aktuellen ESG-Impacts:**

- Führen Sie eine umfassende Bewertung des aktuellen Einflusses des Unternehmens auf die ESG-Kriterien durch.

- Identifizieren Sie Verbesserungsbereiche in Umwelt-, Sozial- und Governance-Fragen.

- Legen Sie spezifische Leistungskennzahlen (KPIs) fest, um den Fortschritt zu messen.

2. **Entwicklung von ESG-Richtlinien:**

- Erstellen Sie formale Richtlinien, die Umwelt-, Sozial- und Governance-Praktiken ansprechen.

- Integrieren Sie diese Richtlinien in die täglichen Betriebsprozesse.

- Gewährleisten Sie die transparente Kommunikation dieser Richtlinien an alle Stakeholder.

3. **Einbindung der Stakeholder:**

- Identifizieren und involvieren Sie alle relevanten Stakeholder, einschließlich Mitarbeiter, Kunden, Aktionäre und lokale Gemeinschaften.

- Schaffen Sie Kommunikationskanäle für Feedback und Vorschläge.

- Entwickeln Sie Strategien, um den Erwartungen und Anliegen der Stakeholder gerecht zu werden.

4. **Integration der Nachhaltigkeit in die Lieferkette:**

- Analysieren Sie die Lieferkette, um nachhaltige Verbesserungsmöglichkeiten zu identifizieren.

- Legen Sie ESG-Kriterien für Lieferanten und Geschäftspartner fest.

- Arbeiten Sie mit Lieferanten zusammen, um die Nachhaltigkeit in der gesamten Lieferkette zu verbessern.

5. **Entwicklung von Diversitäts- und Inklusionsprogrammen:**

- Implementieren Sie formale Programme zur Förderung von Diversität und Inklusion.

- Bieten Sie regelmäßige Schulungen zur Vielfalt für Mitarbeiter auf allen Ebenen an.

- Überwachen und bewerten Sie die Diversität in Führungspositionen.

6. **Nachhaltige Innovation:**

- Schaffen Sie eine Umgebung, die nachhaltige Innovation fördert.

- Fördern Sie interne und externe Zusammenarbeit, um nachhaltige Forschung und Entwicklung voranzutreiben.

- Anerkennen und belohnen Sie innovative Ideen, die auf Nachhaltigkeit abzielen.

7. **Bildung und Bewusstseinsbildung:**

- Implementieren Sie Bildungsprogramme zu ESG für Mitarbeiter auf allen Ebenen.

- Organisieren Sie Veranstaltungen und Kampagnen zur Steigerung des Bewusstseins für ESG-Themen.

- Fördern Sie eine Unternehmenskultur, die soziale und Umweltverantwortung schätzt.

8. **Regelmäßige ESG-Audits:**

- Führen Sie regelmäßige Audits durch, um die Einhaltung der ESG-Praktiken zu bewerten.

- Führen Sie unabhängige Überprüfungen durch, um die Integrität der ESG-Berichte sicherzustellen.

- Verwenden Sie die Ergebnisse dieser Audits, um Strategien und Richtlinien anzupassen.

9. **Festlegung von Zielen und öffentlichen Verpflichtungen:**

- Setzen Sie messbare und erreichbare Ziele zur Verbesserung der ESG-Performance.

- Kommunizieren Sie diese Ziele öffentlich, um die Transparenz zu fördern.

- Überprüfen und justieren Sie die Ziele regelmäßig, wenn sich das Unternehmen entwickelt.

10. **Kontinuierliche Bewertung und Verbesserung:**

- Implementieren Sie ein kontinuierliches Bewertungs- und Verbesserungssystem.

- Seien Sie bereit, sich an Veränderungen in den Erwartungen der Stakeholder und den Branchenstandards anzupassen.

- Feiern Sie Erfolge und nutzen Sie Herausforderungen als Gelegenheiten zum Lernen und zur Innovation.

Durch die Integration dieser praktischen Übungen können Unternehmen nicht nur die Grundsätze von ESG übernehmen, sondern auch eine widerstandsfähige, verantwortungsbewusste und nachhaltige Unternehmenskultur schaffen. Das ESG-Ziel ist erreichbar, und die effektive Umsetzung dieser Praktiken bestimmt nicht nur den Kurs eines Unternehmens, sondern trägt zu einer langfristig positiven Wirkung auf Gesellschaft und Umwelt bei.

www.ingramcontent.com/pod-product-compliance
Lightning Source LLC
Chambersburg PA
CBHW071156290526
45796CB00007B/54